전용복 목사 묵상시2

주는 하늘을 가르시고 강림하소서

:: 전용복 목사의 다른 책들

- 하나님은 누구신가?
- 지방교회의 정체
- 아멘! 주 예수여, 어서 오시옵소서
- 오직 성령이 너희에게 임하시면
- 그리스도를 본받아
- 묵상과 평강
- 경건에 이르기를 연습하라
- 최면술의 실체와 그 종교적 이용
- 하나님과 함께 걸으라
- 울어라 열풍아 밤이 새도록
- 내가 본 천국과 지옥 이야기들
- 하나님이 되고 싶어라
- 회의를 잘 해야 교회가 산다
- 하나되는 한국 장로교회사
- 교회를 어지럽히는 다른 복음이 있다
- 토론하라!
- 법은 법이야!(상)

- 법은 법이야!(하)
- 장로교 이야기
- 영적 비만, 영적 다이어트
- 온 세상 지옥 이야기
- 로마가 말한다(상)
- 야곱 생애의 부흥
- 비대면 시대를 이기는 비결
- 로마가 말한다(하)
- 산이 말한다
- 고신의 북두칠성
- 산이 노래한다(시집)
- 내 마음을 아신다고? 설마
- 물과 꽃들의 함성(시집)
- 불신앙의 강을 건넌 아브라함의 전능신앙
- 하나님의 아들에게 입맞추라(묵상시1)
- 90초간의 만나

전용복 목사 묵상시2
주는 하늘을 가르시고 강림하소서

1판 인쇄일 2025년 9월 15일
1쇄 발행일 2025년 9월 20일

지은이 _ 전용복
펴낸이 _ 한치호
펴낸곳 _ 종려가지
등록 _ 제311-2014-000013호(2014. 3. 20)
주소 _ 서울특별시 은평구 은평로 14길, 9-5
 전화 02. 359. 9657
디자인 _ 표지 이순옥 / 본문 구본일
제작대행 세줄기획(02. 2265. 3749)
영업대행_두돌비(02.964.6993)

값 15,000 원

ISBN 979-11-992100-6-6

ⓒ 2025, 전용복

* 전용복 목사 010-4767-1956

문서사역에 대한 질문은 010. 3738. 5307로 해주십시오.

주는 하늘을 가르시고 강림하소서

전용복 목사

문서사역
|종|려|가|지|

머리말

묵상은 말씀을 깊이 생각하면서 그 말씀이 우리에게 말해주는 것을 듣고 거기에 천천히 응답하는 것이다. 묵상기도는 자기가 하나님의 사랑을 받고 있다는 것을 알면서 그 하나님과 단둘이 이야기함으로 사귀는 친밀한 나눔이다.

"나의 반석이시요 나의 구속자이신 여호와여, 내 입의 말과
마음의 묵상이 주님 앞에 열납되기를 원하나이다."(시 19:14)

지금 세계에 명상의 불길이 맹렬하게 타오르고 있다. 그것은 현대적 삶의 속도, 변화, 복잡에 대한 반작용이다. "인간의 모든 불행은 고요하지 못한 데 있다"(파스칼). 그런 흐름에 따라 기독교 안의 강력한 묵상의 전통이 되살아나고 있다.

우리는 묵상할 때 성경을 지적으로 이해할 뿐만 아니라 감정적으로도 느껴야 한다. 그러기 위하여 우리는 상상력을 활용해야 한다. 우리는 묵상하면서 하나님이 성령으로 내 마음에 말씀하시는 그 음성을 들어야 한다. 우리는 내 심령으로 들은 바를 순종해야 한다. 우리는 순종함으로 하나님을 즐겁게 할 수 있다.

우리가 묵상할 내용은 다양하나 그중에서 첫째가 성경 말씀이다. 그 말씀은 하나님의 뜻을 알려준다. 그 말씀의 핵심 주제는 우리 구주 예수 그리스도다. 우리는 그 예수님을 깊이 묵상함으로 그의 삶이 우리의 삶이 되도록 해야 한다.

나는 성경말씀을 묵상하면서 그것을 시로 써보았다. 그저 묵상하기만 하면 그때는 은혜를 받으나 나중에 남는 게 없다. 나는 그 묵상의 내용을 시로 씀으로 아주 깊이 묵상할 수 있었고, 그것을 기록으로 남기니 뒤에 그것을 되살릴 수 있었다. 그저 단순한 기록보다 시로 쓰니 그 내용이 더욱 풍성해졌다. 1권에 이어 2권을 내게 되니 하나님과 더 가까워진 것 같다.

아무쪼록 나의 이 말씀시를 읽는 분들에게 내가 묵상하면서 받은 은혜가 임하기를 주님께 간절히 빈다.

2025년 8월 25일

이순신 장군 백의종군 기념공원 옆에서

전용복

차례

머리말 ___ 4

I. 해가 힘 있게 돋음 같게

해가 힘 있게 돋음 같게 ___ 15
에덴 일출 ___ 17
아라랏산 일출 ___ 19
벧엘 일출 ___ 21
얍복강 일출 ___ 23
베들레헴 일출 ___ 24
부활 아침 일출 ___ 26
최후 일출 ___ 28
나는 부활이요 생명이니 ___ 30

II. 네 입을 넓게 열라 내가 채우리라

그분은 전쟁이 그치고 평화가 오게 하셨다 ___ 35
주는 기이한 일을 행하신 하나님이다 ___ 37
여호와의 놀라운 일들을 대대로 전하리라 ___ 39
그들은 그 기이한 일을 다 잊었도다 ___ 40
인생은 가고 다시 돌아오지 못하는 바람이라 ___ 41
그들이 하나님을 슬프시게 함이 몇 번인가 ___ 43
하나님이 분연히 일어나사 ___ 45
우리가 매우 가련하게 되었으니 ___ 46
우리를 구원하러 오소서 ___ 48

구원하신 하나님께 기쁨으로 노래하며 즐거이 소리칠지어다 __ 50
네 입을 넓게 열라 내가 채우리라 __ 52
공의를 베풀라 __ 54
하나님이여, 제발 침묵하지 마소서 __ 55
주의 집에 사는 자는 복받은 자다 __ 57
시온의 대로 __ 59
주의 완전한 구원을 우리에게 주소서 __ 61
굽어살펴 내게 은혜를 베푸소서 __ 63
시온성 __ 65
주를 향하여 나의 두 손을 높이 들었습니다 __ 66
주의 정책은 의, 공의, 인자, 진실을 표방합니다 __ 68
다윗의 왕위를 영구케 하리라 __ 69
신속히 가는 인생, 우리의 죄악때문이라 __ 71
인생은 잠깐 __ 73
나는 지존자의 은밀한 곳에 거한다 __ 75
주께서 행하신 일로 나를 기쁘게 하셨으니 __ 77
여호와께서 통치하시니 __ 79
악인이 언제까지 개가를 부릅니까? __ 80
우리가 여호와께 즐거이 노래하자 __ 82
영광과 권능을 여호와께 돌릴지어다 __ 83
여호와께서 통치하시니 __ 85

Ⅲ. 내 청춘을 독수리 같이 새롭게 하셨도다

새 노래로 여호와께 찬송하라 __ 89
하나님은 거룩하시기 때문이다 __ 90
여호와께 즐거이 찬송을 부르라 __ 91
나와 함께 할 자, 함께 하지 못할 자 __ 92

나의 괴로운 날, 내가 부르짖는 날 __ 93
시온에 긍휼과 은혜 베푸시니 __ 94
영원하신 주여, 나를 중년에 데려가지 마소서 __ 95
여호와를 송축하라 __ 96
내 청춘을 독수리 같이 새롭게 하셨도다 __ 97
여호와는 긍휼, 은혜, 인자의 부자 __ 98
우리의 체질 __ 99
내 영혼아, 여호와를 송축하라 __ 101
생사가 온전히 주의 손에 달렸다 __ 102
그가 그 언약을 기억하여 이루셨도다 __ 103
크게 범죄해도 기적으로 구원하셨도다 __ 105
여호와는 선하시며 그 인자하심이 영원하도다 __ 108
바다의 광풍노도, 여호와의 행사라 __ 110
여호와는 겸손한 자 찾아 복 주신다 __ 111
내 마음에 확정하였습니다 __ 113
하나님만 의지하고 용감히 행하라 __ 114
주의 선하신 인자로 나를 구원하소서 __ 115
주는 만왕의 왕, 영원한 제사장이시다 __ 117
전심으로 감사하고 영원히 찬양하자 __ 118
여호와를 경외하며 그의 계명을 즐거워하는 자 __ 120
스스로 낮추사 천지를 살피시는 여호와 __ 122
너는 야곱의 하나님 앞에서 떨지어다 __ 124
성도들아, 여호와를 의지하라 __ 125
주께서 나의 결박을 다 푸셨도다 __ 126
여호와께서 내게 주신 모든 은혜를 내가 무엇으로 보답할까? __ 128
모든 만민이 찬양케 하라 __ 129

IV. 여호와는 내 편이시라

여호와는 내 편이시라 __ 133
여호와여, 구하옵나니 __ 135
여호와의 율법을 행하는 자, 복이 있도다 __ 136
나의 행실을 깨끗케 하는 말씀 __ 137
천성 가는 나그네; 말씀 따라 간다 __ 138
말씀 갈망 __ 139
끝까지 전심으로 즐거이 행하라 __ 140
나는 주의 계명을 사랑합니다 __ 141
주의 말씀은 나의 위로라 __ 142
여호와는 나의 분깃이니 __ 143
주의 법은 내게 천천금은보다 좋다 __ 144
주의 법은 나의 즐거움이라 __ 145
그러나 나는 그럴지라도 __ 146
그 말씀은 나의 즐거움 __ 147
내가 주의 법을 너무 사랑하여 __ 148
주의 말씀은 내 발의 등이요, 내 길에 빛이라 __ 149
주는 나의 은신처요 방패시라 __ 150
내가 주의 계명을 금 곧 순금보다 더 사랑한다 __ 151
주의 증거들은 놀라우므로 __ 152
의로우신 주의 증거는 영원히 의로우니 __ 153
내가 주께 부르짖었사오니 __ 154
주의 말씀대로 __ 155
주의 법은 평안과 구원 주니 __ 156
나는 잃은 양같이 방황하다 __ 157
나를 건져 주소서 __ 159
여호와는 나를 지키시는 자 __ 160

예루살렘 성전 __ 161
우리에게 은혜를 베푸시고 또 베푸시기를 __ 162
여호와께서 우리 편에 계시사 __ 163
여호와를 의지하는 자 __ 164

Ⅴ. 시온을 기억하며 울었도다

꿈같은 해방, 구원 __ 167
뿌리는 자는 거두리라 __ 168
여호와는 인생의 모든 일을 좌우하시는 분 __ 169
여호와를 경외하는 자는 복이 있도다 __ 170
나의 대적들은 나를 이기지 못하였다 __ 171
여호와를 기다리고 바라라 __ 172
겸손으로 평온키를 __ 173
다윗의 겸손 __ 174
다윗에게 베푼 은총 __ 175
형제가 연합하여 동거함은 __ 176
여호와를 찬송하라 __ 177
여호와를 찬양하라 __ 178
여호와를 송축하라 __ 179
여호와께 감사하라 __ 180
시온을 기억하며 울었도다 __ 182
나의 감사, 찬송 __ 184
주님은 나를 아십니다 __ 185
내가 주의 앞에서 어디로 피할까 __ 186
주의 생각은 내게 최고의 보배 __ 187
주의 원수된 악인들은 나의 원수라 __ 188
여호와여, 악인에게서 나를 건지소서 __ 189

나의 간구에 귀를 기울이소서 __ 190
내가 주를 찾고 부르짖습니다 __ 191
나는 주께 부르짖어 간구합니다 __ 193
주여, 내 기도를 들으소서 __ 194
나의 간절한 기도 __ 195
나는 실로 없는 것 같으나 __ 196
여호와를 자기 하나님으로 삼는 자의 복 __ 197
내가 주를 높이고 주의 이름을 송축합니다 __ 198
약자를 돌보시는 하나님을 찬양하라 __ 200
모든 성도들아, 하나님을 찬양하라 __ 202
다 모두 여호와의 이름을 찬양할지어다 __ 204
할렐루야, 여호와께 노래하라 __ 206
할렐루야, 하나님을 찬양하라 __ 207

Ⅵ. 그의 이름은 평강의 왕이라

고난 받는 하나님의 종 __ 211
내게로 오라, 내게 듣고 들을지라 __ 214
너희는 여호와께로 돌아오라 __ 215
여호와께 연합한 사람 __ 217
몰지각한 목자들 __ 218
의인, 진실한 이의 길 __ 219
내 백성을 고쳐주리라 __ 220
네 빛이 새벽같이 비칠 것이라 __ 221
행악자 __ 223
정의, 공의가 없는 세상 __ 224
하나님의 완전무장 __ 225
일어나라, 빛을 발하라 __ 226

일어나라, 네 빛을 발하라 __ 228
여호와가 네게 기름을 부으사 __ 229
구원의 옷, 공의의 겉옷을 입히시니 __ 230
헵시바, 쁄라 되리라 __ 231
하나님의 백성을 인도하라 __ 232
그는 어찌하여 붉은 옷을 입었는가? __ 233
여호와의 사랑과 이스라엘의 배신 __ 234
자비하신 여호와여 __ 235
주는 하늘을 가르시고 강림하소서 __ 236
여호와여, 너무 분노하지 마소서 __ 237
새 하늘과 새 땅 __ 239
여호와의 집, 처소가 돼라 __ 240

Ⅰ. 해가 힘 있게 돋음 같게

해가 힘 있게 돋음 같게

해가 힘 있게 돋을 때
장엄하고 멋지다
온 하늘이 붉게 타오르다가
갑자기 아침 해가 솟아오른다
캄캄한 어두움 일시에 물러가고
온 천지가 밝아진다
대지는 따뜻한 온기로 채워진다

주를 사랑하는 자에게는
의의 태양 주님이
주님으로 말미암은 평강이
주님으로 인한 승리가
일상에서의 성공, 형통이
해가 힘있게 돋음 같게 하소서
힘차게 솟아오르게 하소서

주를 사랑하는 자의 마음에
혼돈 속에서도 가지는 천국 소망
혼란 속에서의 새로운 희망
증오 속에서의 붉은 사랑
침체 속에서의 뜨거운 열정
거짓 속에서도 나오는 순진한 진실
사악 속에서 부르짖는 정의가
해가 힘있게 돋음 같게 하소서
힘차게 타오르게 하소서

[삿 5:31]

에덴 일출

비손, 기혼, 힛데겔, 유브라데 강이
사방으로 유유히 흐르고
순금, 베델리엄(진주), 호마노가
곳곳에 즐비하며
온갖 풀, 나무, 꽃들이
앞다투어 자라 춤을 추고
선악과 주위로 모든 과일이
탐스럽게 익어 향기 풍기며
수많은 새들, 짐승들이 노래하고 뛰노는
최초의 낙원 에덴 동산

거기서 잠을 깬 아담, 하와에게
동쪽에서 밝은 태양 웃으며 떠오른다
온 우주, 세상 에덴을 창설하신
하나님의 지혜와 권능에 대한
감사, 찬양이 솟아오른다
할렐루야, 할렐루야
여호와의 지혜, 권능을 찬양하라
모든 식물, 새들, 짐승들아
우리와 함께 여호와를 찬양하라

그 솟아오른 밝은 태양
바라보는 아담, 하와의 가슴 속에
무한한 사랑의 빛이 작열한다
최고의 낙원 창설해 살게 하시고
둘이 서로 사랑하며 살게 하신
하나님 아버지에 대한 사랑
함께 하는 서로 서로에 대한 사랑
즐기며 이용하고 먹게 되는
모든 것에 대한 사랑이
온 하늘에 찬란히 빛나는 햇빛처럼
두 사람의 가슴 속에 찬연히 빛난다

 [창 2:8]

아라랏산 일출

온 땅에 죄악이 넘쳐
그 죄악이 하늘에 닿으니
하나님의 진노가 하늘에 넘쳐
그 진노가 온 땅에 물심판이 되다
의인 노아 방주 만들어
구원받고 세상을 이어가다

지루한 삼백여 일의 방주 삶
끝내고 나오는 아침
온 천지 내려다보는 아라랏산에
반가운 태양이 웃으며 떠오른다
아! 얼마 만에 보는 일출인가?
모든 어둠 대신 밝은 환희 분출한다

그 밝은 태양의 작열 속에서
노아의 마음에 넘치는 감사
새 제단에서 번제로 향기되니
하나님이 기쁘게 받으시고 복 주신다
다시는 물로 멸하지 않을 무지개 언약
생육, 번성, 충만의 복
모든 것 먹고 다스림의 영광
무한한 희망 되어 온 하늘에 퍼져간다
감격하는 노아, 인류 새 역사의 떠오르는 태양이 된다
[창 8:20-9:13]

벧엘 일출

해가 져 어두워진 빈들에서
고단한 몸 쓸쓸히 눕혀
돌베개 베고 자던 야곱에게
아침의 찬란한 해가 솟아올랐다
의의 태양 주님이 떠올랐다
뜨거운 성령의 불이 타올랐다

그 찬란한 태양 바라보는 야곱
"번성, 번창, 복의 복 내리고
 함께 하여 지켜주고
 허락한 것 다 이루리라."
확신이 힘차게 솟아오른다
"쓸쓸히 탄식하며 자던 곳이
 하나님의 집, 벧엘이라
 루스, 황량한 빈들이
 하늘의 문이라."
감격의 고백이 절로 솟구친다
"하나님은 나의 하나님
 이 돌은 하나님의 집 되고
 십분일, 아니 전부 다 드리리."
서원이 마구 용솟음친다

그 찬란한 태양 보고 가는 야곱
어두운 불안, 공포 사라지고
밝은 평강, 용기가 넘친다
새로운 희망이 가득 차
감사의 찬양을 부른다
발걸음은 가볍고 빠르다
[창 28:10-29:1]

얍복강 일출

고단한 인생길
20년의 피로가 켜켜이 쌓인 고난길
과오로 생긴 두려움이 덮쳐오는 공포길
그 길 위의 외로운 야곱
허벅다리 절고 간다
힘든 다리 끌고 간다

그런 그에게 어두움 물러가고
밝은 태양 웃으며 떠올라 그 길
의의 태양 주님이 함께 하는 길
브니엘, 하나님의 얼굴을 뵙는 길 되어
온갖 피로, 공포 다 사라지고
새 희망, 용기, 평강이 넘친다

그 길 가는 야곱 새사람 되어
야곱, 발꿈치 잡는 자 아닌
이스라엘, 하나님을 이긴 자 된다
모든 소원 구하는대로 이루는 자
항상 이기는 승리자 된다
감사, 찬송, 할렐루야 외친다
 [창 32:31]

베들레헴 일출

하나님의 아들 아기 예수
베들레헴 마굿간에서 태어난 밤
들에서 양치던 목자들
천사로부터 그 소식 듣고
단숨에 달려왔다
성탄의 첫 축하객 그 목자들
기뻐하고 감사하고 절하며
천사의 말 전하였다

일터로 돌아가는 그 목자들 앞에
온 들을 비추는 해가 떠오른다
방긋 웃는 아기 예수의 얼굴
모든 어둠 몰아내고 빛으로 채운다
십자가로 모든 인생 죄짐 지고 죽어
사망, 지옥서 구원할 구주될 것을
그로인해 하나님께 큰 영광 돌리고
모든 인생에게 참 평화 줄 것을
웃으며 조용히 약속한다

그 떠올라 빛나는 태양 보고 걷는 그 목자들
그 듣고 본 모든 것으로 인하여
그 용솟음치는 환희에 가슴 벅차
그 아기 예수 보내신 사랑의 하나님께
모한한 영광 돌리고
할렐루야 찬송하였다
[눅 2:8-20]

부활 아침 일출

예수님의 빈무덤 확인한 후
같이 온 여자들도 가고
베드로, 요한도 가고
주님 지극히 사랑하는 막달라 마리아
홀로 남아 무덤 가에서 서성일 때
밝은 아침해 떠올랐다

그러나 그 슬픔의 막달라 마리아
도무지 그 태양 보이지도 않고
캄캄한 어둠 속에서 울었다
오직 주님 시체라도 찾아 향품 바를 일념으로
울면서 구부려 무덤 안을 보았다

그때 그 갸륵한 막달라 마리아에게
부활하신 주님 맨 처음 나타나 속삭이셨다
"여자여, 어찌하여 울며 누구를 찾느냐?
마리아야, 내가 부활하였다
너는 가서 내 형제들에게 전해라
내가 내 아버지께로 올라갈 것이다."

넘치는 환희와 감격 속에서 달리는 막달라 마리아
비로소 떠올라 빛나는 해를 보았다
부활의 광휘로 빛나는 주님의 얼굴
자비한 사랑의 음성 들려주신다
"나는 길이요, 진리요, 생명이라.
 내게 오면 영생과 천국을 주리라.
 성령, 평강이 충만케 하리라."
[요 20:1-18]

최후 일출

창조 넷째 날 태양을 만드신 후부터
시작한 일출과 일몰, 낮과 밤의 끝에는
최후의 새로운 태양의 일출
영원히 아침, 낮만 계속되게 하는
신비한 태양의 일출
그 태양은 기이한 공의의 태양
그 공의의 태양은 의로운 심판주 하나님

그 떠오른 공의로운 태양
교만자, 악행자에게는
다 태워 없애는 용광로 불
그 앞에서 모든 것은 지푸라기 같이 타고
그들 자체도 불타 뿌리, 가지까지 없어진다
그 맹렬한 용광로 불
영원히 끌 수 없는 지옥불 된다

그 솟아오른 공의로운 태양
주의 이름을 경외하는 자에게는
치료하는 광선 되어
영혼의 죄병, 육신의 불치병 다 고친다
의인되어 그 공의로운 심판주의 자녀되게 하고
아픔, 고통 전혀 없는 낙원으로 인도한다

그 공의의 태양 일출로 치료받은 자
기뻐 뛰고 달린다
외양간에서 나온 송아지 같이 뛴다
산 높은 곳에서 사슴 같이 달린다
원수 악인을 발바닥 밑의 재와 같이
밟으며 승리를 노래한다
할렐루야, 오 할렐루야
의의 태양 여호와를 찬양하라
 [말 4:1-3]

나는 부활이요 생명이니

십자가에서 죽으사
무덤에 묻히신 주님
삼일 만에, 주일 새벽에
다시 살아나 무덤 문을 열고 나오셨다
막달라 마리아, 여자들, 제자들에게 나타나
"내가 부활하였다. 믿으라. 전하라." 하셨다

부활하신 우리 주님
모두가 두려워하고 벌벌 떠는
사망을 삼키고 이겼다
사망 권세 이기고 승리하셨다
사망아, 너의 승리가 어디 있느냐?
사망아, 너의 쏘는 것이 어디 있느냐?

부활하신 나의 주님
생명의 주 되심 선언하셨다
"나는 부활이요 생명이니"
그를 믿는 자는 죽어도 살겠고
살아서 그를 믿는 자 영원히 죽지 않는다
주님 나라 천국서 영생복락 누린다

주님 부활, 우리 부활 믿는 자
항상 감사, 찬송하면서
견실하며
흔들리지 않고
주의 일에 더욱 힘쓴다
상 받을 줄 확신하면서
[고전 15:54-58; 요 11:25, 26]

Ⅱ. 네 입을 넓게 열라 내가 채우리라

그분은 전쟁이 그치고 평화가 오게 하셨다

예루살렘은 그분의 장막
시온은 그분의 처소
그분은 거기서
화살, 방패, 칼, 창 다 부수고
전쟁이 그치고 평화가 오게 하셨다
그분은 우리 하나님
그 이름 모르는 자 없고
온 천지에 위대하시다

그분은 승리한 산에서 영화롭고 존귀하시다
그분 앞에서 마음이 강한 자도 달아나고
장사들도 힘이 빠져 휘청거리며
병거와 말이 다 깊이 잠들었다
그분이 노하시니, 그 앞에 아무도 설 수 없다
그분이 하늘에서 판결하시니, 땅이 떨고 잠잠하다
땅의 모든 온유자는 구원받는다
그분이 고관들의 기를 꺾으니, 왕들도 두려워 떤다
그분은 우리 하나님
그 이름 누구나 다 알고
온 세상에 찬란히 빛난다

진실로 분노한 사람들아
생각을 고쳐 주를 찬송하라
어떤 분노도 그치고 감사하라
너희 하나님께 서원하고 갚으라
마땅히 경외할 이에게 예물을 드려라
우리 하나님 그분은
온 세상이 영원히 찬송할 이시라
[시 76:1-12]

주는 기이한 일을 행하신 하나님이라

내가 소리내어 하나님께 부르짖으니
제발 내게 귀를 기울여 주소서
나의 환난날에 내가 주님을 찾고
밤중에 내가 손을 들고 거두지 않으니
내 영혼이 오직 주님만 바라봅니다
그래도 주는 내게 아무 대답 없으니
내가 신음하며 주께 불평합니다
내 심령이 너무 상합니다

주께서 내가 눈을 붙이지 못하게 하시니
내가 괴로워 말도 할 수 없습니다
주님은 영원히 우리를 버리셨는가?
다시는 은혜를 베풀지 않으시려는가?
주의 인자하심은 영원히 끝났는가?
주의 약속도 이제는 영구히 폐기되었는가?
하나님께서 은혜 베푸시는 것을 잊으셨는가?
분노하심으로 베푸실 긍휼을 그치셨는가?

하나님이여
이러함은 나의 잘못입니다
내가 주께서 행하신 기이한 일을 잊어버렸습니다
이제 주의 일을 묵상하고 주의 행사를 되뇌이겠습니다
주의 도는 거룩하고 주님은 위대하십니다
주는 기이한 일을 행하신 하나님이시라
주께서 능력의 팔로 주의 백성을 구속하셨으니
곧 야곱과 요셉의 자손을 구속하셨나이다
물들이 주님을 보고 요동치며
깊은 바다도 벌벌 떨었습니다

구름이 폭우를 쏟고 하늘이 소리치며
주의 화살도 신속히 날아갔나이다
주의 천둥소리가 천지를 진동하고 번개가 번쩍이니
땅이 벌벌 떨고 진동하였습니다
주께서 바다를 갈라 길을 내고
이스라엘을 그 길로 이끄셨습니다
주께서는 광야에서 주의 백성을 양 떼처럼
모세와 아론의 손으로 인도하셨나이다
[시 77:1-20]

여호와의 놀라운 일들을 대대로 전하리라

내 백성이여
나의 교훈을 들으며 내 말에 귀를 기울여라
내가 입을 열어 비밀을 말할 것이다

우리는 그 교훈, 말씀, 비밀을 안다
우리 선조가 우리에게 그것을 말해주었다
우리는 여호와의 놀라운 일들을
후손 대대로 전하리라
오는 세대, 태어날 자손들에게
그것을 전하여 알게 하는 것은
율법을 주신 하나님의 명령이다

우리는 전하여 우리의 후손들이
하나님에 대해 확신을 가지며
하나님이 하신 놀라운 일들을 기억하고
그 명령을 기꺼이 지키게 하리라
그들이 완고하고 반역하는 세대가 되지 않고
그 마음이 한결같이 확고하여
그 영이 하나님께 언제나 신실하게 하리라
죽도록 충성하게 하리라
[시 78:1-8]

그들은 그 기이한 일을 다 잊었도다

옛적에 하나님이 애굽 땅에서 기이한 일을
그들의 조상들의 목전에서 행하셨다
그가 바다를 갈라 그들을 지나가게 하시고
낮엔 구름기둥, 밤엔 불기둥으로 인도하시며
반석을 쪼개 생수 내어 마시게 하셨다

그러나 그들은 그 기이한 일을 다 잊었도다
그들은 광야에서 지존자를 배반하였도다
그들이 탐욕대로 음식을 구하며 하나님을 시험하기를
"하나님이 광야서 식탁을 베푸실 수 있으랴?
 그가 능히 떡도, 고기도 주실 수 있으랴?" 하였다

그러므로 여호와의 노, 불같은 노, 진노가 불타올랐다
전능한 하나님이 만나를 비같이 내리고
메추라기를 먼지, 모래같이 내려 자기를 보이신 후
그들의 먹은 것이 아직 그 입에 있을 때에
강력한 노염을 나타내사
그들 중 강한 자를 죽이시고
이스라엘의 청년을 엎드러뜨리셨다
기브롯 핫다아와, 탐욕의 무덤을 이루셨도다
[시 78:9-31]

인생은 가고 다시 돌아오지 못하는 바람이라

인생은 가고 다시 돌아오지 못하는 바람이니
한 번뿐, 되풀이 할 수 없고
신속히 감, 바람처럼 사라진다
잠시 후엔 아무 흔적, 그림자도 없다
제발 큰소리치고 으시대지 말고
전능하고 영원하신 하나님을 붙들어라

인생은 가고 다시 돌아오지 못하는 바람이니
자신의 주제를 확실히 파악하고 나아가
하나님의 기이한 일들을 믿어라
그에게 구하며 돌이켜 하나님을 간절히 찾아라
하나님만이 구속자이심을 기억하거라
혀로 하나님께 진실을 말하고
마음을 정해 그의 언약을 지켜라

인생은 가고 다시 돌아오지 못하는 바람이니
인생이 진정으로 돌이키기만 하면
오직 긍휼하신 하나님은
죄악을 덮어주어 살려주시고
진노를 여러 번 돌이키시며
모든 분을 다 쏟아내지 아니하신다
오른손으로 붙들어 강하게 하신다
[시 78:32-39]

그들이 하나님을 슬프시게 함이 몇 번인가

그때에 하나님이 애굽에서
그의 맹렬한 노여움, 진노, 분노, 재앙의 천사들을
그들에게 내려보내사 표적들을 행하셨다
강과 시내를 피로 변하여 마실 수 없게 하시고
쇠파리 떼, 개구리를 보내어 해하게 하시고
토산물, 소출을 황충, 메뚜기에게 주시고
포도나무, 뽕나무를 우박, 서리로 죽이시고
가축, 양 떼를 우박, 번갯불에 절단내시고
그들의 목숨, 생명을 전염병에 붙이셨으며
그들의 모든 장자, 곧 처음 것들을 치셨다

그러나 자기 백성은 양같이 인도하고 지도하셨다
그들을 안전히 인도하여 바다를 통과케 하시고
성소 곧 그의 오른손으로 만드신 산으로 인도하시고
대적을 쫓아내고 그 땅을 분배하여
이스라엘 지파들이 장막 치고 살게 하셨도다
나라를 세우고 태평성대 누리게 하셨도다

그러나 그들이 하나님의 권능의 손, 구원하신 팔을 잊었다
하나님을 시험하며 거룩하신 이를 노엽게 하였다
시험하고 반항하여 그의 명령을 지키지 아니하였다
그들이 광야에서 하나님을 슬프시게 함이 몇 번인가
그들은 배반하고 거짓을 행해 완전히 빗나갔다
산당에서 우상으로 하나님의 진노를 결발하였다

하나님이 분내어 이스라엘을 크게 미워하사
실로의 성막을 떠나시고
그들을 포로에게, 자기 영광을 대적에게 붙이시고
자기 소유 곧 백성을 칼에 넘기셨으니
그들의 청년들은 불에 살라지고
그들의 처녀들은 결혼 노래를 들을 수 없고
그들의 제사장들은 칼에 엎드러지고
그들의 과부들은 애곡도 하지 못하였도다
나라는 망하고 남은 자는 포로로 끌려갔도다
[시 78:40-64]

하나님이 분연히 일어나사

하나님이 이스라엘의 곤궁을 보시고 후회하사
깊은 잠에서 깨어난 것처럼
포도주를 마시고 고함치는 용사처럼
분연히 일어나사
대적들을 쳐, 물리쳐서 사라지게 하셨도다

그 위대하신 하나님이
오직 유다 지파와 그가 사랑하시는 시온산을 택하시어
높이고 위대하게 하셨도다
또 그의 종 다윗을 택하시되
양을 지키는 종에서 그를 이끌어내사
자기 백성인 야곱, 소유인 이스라엘을
기르고 돌보게 하셨도다
이에 다윗은 이스라엘을 마음의 완전함으로 기르고
손의 능숙함으로 지도하였도다
택함 받은 다윗의 자손 예수 그리스도는
자기 백성 구원 위해 십자가를 지셨도다
구원받은 양무리를 사랑으로 인도하여
천국에 이르게 하시도다
 [시 78:65-72]

우리가 매우 가련하게 되었으니

하나님이여
이방 족속들이 주의 기업의 땅에 들어와서
주의 성전을 더럽히고
예루살렘을 폐허가 되게 하였습니다
그들이 주의 종들의 시체를
새, 짐승의 밥이 되게 하고
그들의 피를 물같이 흐르게 하였습니다
우리는 우리 대적의 비방, 조소, 조롱거리가 되었습니다
여호와여, 어느 때까지, 아니 영원히 노하시리이까?

여호와여
주를 알지 못하고, 주를 부르지 아니하며
야곱을 삼키고, 그가 사는 곳을 황폐케 한 자들에게
주의 노를 쏟으소서
그들의 품에 일곱 배로 갚으소서
완전히, 철저히 망하게 하소서
어찌하여 이방 나라들이
"그들의 하나님이 어디 있느냐?"
라고 말하게 내버려 두십니까?
주의 종들이 흘린 피를 갚아주심을
우리 눈앞에서 민족들이 알게 하소서

자비하신 주여
선조들의 죄악, 우리의 죄악을 기억지 마소서
우리가 매우 가련하게 되었으니
주의 긍휼로 우리를 속히 영접하소서
우리 구원의 하나님이여
주의 이름의 영광을 위해 우리를 도우소서
주의 이름의 증거를 위해 우리를 건지시고
우리 죄를 용서하소서
우리의 탄식이 주의 앞에 이르게 하시며
죽어야 마땅한 우리이나
주의 크신 능력으로 보존하소서
우리는 주의 백성, 주의 양이니
우리로 영원히 주께 감사하며
주의 영예를 대대에 전하게 하소서
 [시 79:1-13]

우리를 구원하러 오소서

주께서 이집트에서 한 포도나무를 뽑아 와
민족들을 쫓아내시고 심으셨습니다
주께서 그 나무를 잘 가꾸사 무성케 하셨습니다
그 그늘이 산을 가리고 그 가지가 바다까지 뻗었습니다
그런데 주께서 어찌하여 그 담을 허시사
모두가 그것을 해치게 하십니까?
만군의 하나님이여
돌아와 굽어보시고 이 포도나무를 돌보소서
주가 심으시고 힘있게 하신 줄기, 가지인데
그것이 베어져 불에 탔고
주의 꾸짖음에 멸망합니다

여호와 만군의 하나님이시여
언제까지 주의 백성의 기도에 노하시렵니까?
주께서 눈물 양식으로 그들을 먹이시고
많은 눈물을 마시게 하셨습니다
주께서 우리를 우리 원수에게 시빗거리가 되게 하시니
그들이 서로 함께 비웃습니다
우리가 심히 처량하오니 불쌍히 여기소서

요셉을 양 떼같이 인도하시는 이스라엘의 목자여

우리의 울부짖음에 귀를 기울이소서

그룹들 사이에 좌정하신 영광의 주여

주의 광명한 빛을 비추소서

이스라엘 앞에서 주의 능력을 나타내사

우리를 구원하러 오소서

만군의 하나님 여호와여

우리를 돌이키시고, 회복하여 주시고

주의 얼굴의 광채를 우리에게 비추사

우리가 구원을 얻게 하소서

주의 택한 백성 우리에게

주의 능력의 손을 얹으소서

그리하시면 우리가 주님을 떠나지 않고

주의 이름을 부르고 영광 돌리리니

우리를 소생시키소서

[시 80:1-19]

구원하신 하나님께 기쁨으로 노래하며 즐거이 소리칠지어다

애굽 땅을 치고 우리를 인도하신 하나님이
확실히 증거를 세워 말씀하셨다
"내가 너의 어깨에서 무거운 짐을 벗기고
 너의 손에서 고난의 광주리를 놓게 하였다
 네가 고난 중에 부르짖을 때에 내가 너를 건졌고
 천둥 치는 먹구름 속에서 네게 응답하였으며
 므리바 물가에서 너를 시험하였다
 내가 네게 기름진 밀을 먹게 하였고
 반석에서 나온 꿀로 너를 만족하게 하였다"

우리를 구원하신 하나님이 다시 말씀하셨다
"내 백성이여, 들어라
 내가 네게 내가 한 구원을 증언하리라
 이스라엘이여, 내게 듣기를 원하노라
 너희 중에 다른 신을 두지 말며
 이방 신에게 절하지 말라
 내 백성아, 내 말을 들어라
 이스라엘아, 내 도를 따르라
 그리하면 내가 속히 너의 원수를 누르고
 내 손을 돌려 너의 대적들을 치리라"

우리의 힘이 되신 전능한 하나님께
기쁨으로 노래하며
야곱의 하나님께 즐거이 소리칠지어다
시를 읊으며 소고를 치고
아름다운 수금에 비파를 아우를지어다
초하루와 보름, 우리의 명절에 나팔을 불지어다
이는 주의 백성 이스라엘의 율례요
구원하신 야곱의 하나님의 규례로다
 [시 81:1-16]

네 입을 넓게 열라, 내가 채우리라

입은 얼굴 낮은 곳에 있으면서
모든 것을 받아들인다
필요한 모든 것이 들어가는 입구다
그 입을 열어야 받아들일 수 있다
열기만 하면 하나님이 채워주신다
"네 입을 넓게, 크게 열어라
 내가 채워주리라"

기도의 입을 넓게 열라
소원의 간구를 크게 외쳐라
절박한 심정을 하나님께 토하라
구하라, 그러면 채워주시리라

행함의 입을 넓게 열라
복종, 충성 하려고 애를 쓰라
무조건 복종, 죽도록 충성하라
그러면 생명의 면류관 씌워주시리라

감사, 찬송의 입을 넓게 열라
범사에, 항상 감사하라
언제 어디서나 찬송하라
그러면 기쁨은 배가 되고, 은혜 충만하리라
[시 81:10]

공의를 베풀라

너희 재판관들아
너희가 언제까지 악인과 결탁하여
불공평한 재판을 하며
공의를 굽히겠느냐?
너희는 거기서 돌이켜
빈자와 고아들 위하여 판단하며
곤란자, 궁핍자에게 공의를 베풀라
그들을 구원하여 악인들의 손에서 건져라
그들은 무지하며 흑암 중에 왕래하는
불쌍한 인생이기 때문이다

너희가 권세 있어 대단하다 생각하나
너희는 순식간에 넘어지고 쉬 죽을 인생이며
온 세상 심판주 하나님의 심판을
피할 수 없음을 깨달으라
그 하나님이 공의의 심판주이심 깨닫고
공의를 베풀라
오직 공의를 세우라
 [시 82:1-8]

하나님이여, 제발 침묵하지 마소서

주의 원수들이 떠들며 머리를 들었나이다
그들이 주의 백성을 치려고 간계를 꾀하여
"그들을 멸하여 없애버리자" 하나이다
그들이 한마음으로 의논하고
주를 대적하여 서로 동맹군이 됩니다
에돔, 이스마엘, 모압, 하갈, 그발, 암몬,
아말렉, 블레셋, 두로, 앗수르, 롯,
악마들의 연합군단, 아마겟돈에 모였습니다
그들은 구호를 외칩니다
"우리가 하나님의 목장을 빼앗아
 우리의 소유로 해버리자"

하나님이여
제발 침묵하지 마소서
그들에게 주의 진노를 쏟으소서
그들이 패망하여 땅에 거름이 되게 하소서
그들의 귀인, 고관들의 목을 일시에 날리소서
나의 하나님이여
그들이 굴러가는 검불 같게 하시며
바람에 날리는 지푸라기 같게 하소서
불같은 주의 광풍으로 그들을 쫓으소서

주의 폭풍으로 그들을 두렵게 하소서
그들의 얼굴에 수치가 가득하고
영원히 놀라게 하시며
낭패와 멸망을 당하게 하소서
그리하여 여호와 주만 온 세상의
지존자로 알게 하소서
[시 83:1-18]

주의 집에 사는 자는 복받은 자다

만군의 여호와여
주의 장막이 너무 사랑스럽습니다
내 영혼이 여호와의 궁정을 사모하여 쇠약합니다
내 마음과 육체가 살아계신 하나님을 찾습니다
나의 왕, 나의 하나님, 만군의 여호와여
참새도, 제비도 주의 제단에서 제 집을 얻었는데
내 집은 말할 것도 없습니다
주의 궁정에서 한 날이
다른 곳에서의 천 날보다 나으니
내 하나님 성전의 문지기도 좋습니다

주의 집에 사는 자들은 복받은 자들입니다
그들은 항상 주를 찬송합니다
주께 힘을 얻고 마음에 시온의 대로가 열립니다
눈물 골짜기로 지날 때에 많은 은혜의 샘이 터집니다
힘을 얻고 더 얻어 나아가
시온에서 각기 하나님을 만납니다

만군의 하나님 여호와여

귀를 기울여 내 기도를 들으소서

주께서 기름 부으신 자의 얼굴을 살펴보소서

여호와 하나님은 우리의 해요 방패시라

구하는 우리에게 항상 은혜와 영화를 주시며

정직한 자에게 좋은 것을 아낌없이 주십니다

주께 의지하는 자에게

언제나 모든 대적을 막아주십니다

[시 84:1-12]

시온의 대로

주의 장막
여호와의 궁정
하나님의 성전으로
달리는 육차선 고속도로
그 끝에서
나의 왕, 나의 하나님,
만군의 여호와를 만난다
거기엔 나의 집도 있다

그 천성행 고속도로엔
우주 최신 휴게소가 즐비하다
찬송의 언덕
눈물 골짜기
은혜의 샘
해 뜨는 곳
솔로몬의 금방패
각 휴게소마다 들러
쉬고 힘 얻고 하나님께 나아간다

그 고속도로 관리하는 여호와 하나님은
우리의 해요 방패시라
우리가 거기서 달리는 동안
귀 기울여 내 기도, 찬송 받아주시고
항상 지켜 보호하시고
은혜와 영화
모든 좋은 것을
아낌없이 내려주신다
시속 천km로 그리 하신다
[시 84:5]

주의 완전한 구원을 우리에게 주소서

여호와여
주께서 주의 땅에 은혜를 베푸사
포로된 자들이 돌아오게 하셨습니다
그들의 죄를 사하시고 덮으셨습니다
주의 모든 분노, 진노를 돌이키셨습니다
하나님 아버지
참으로 감사하옵니다
성은이 망극하옵니다

우리 구원의 하나님이여
우리의 연약과 부족을 굽어살피시고
모든 섭섭함을 거두소서
모든 분노, 진노를 완전히 거두시고
주의 인자하심을 우리에게 보이시며
주의 완전한 구원을 우리에게 주소서
그리하여 우리가 주를 기뻐하게 하소서

그리하여 우리 땅에
화평의 말씀이 넘치고
하나님의 영광이 충만하고
인애와 진리가 같이 만나고
의와 화평이 서로 입맞추며
진리는 땅에서 솟아나고
의는 하늘에서 내려오게 하소서
여호와께서 좋은 산물을 풍족히 주시고
주의 의가 완전히 지배하게 하소서
[시 85:1-13]

굽어살펴 내게 은혜를 베푸소서

여호와여
나의 기도, 간구에 귀를 기울이고 들으소서
나는 가난하고 궁핍하오니
주의 귀를 기울여 내게 응답하소서
주께서 은혜 주신 나를 보존하소서
내가 주를 의지하오니, 종을 구원하소서
내가 종일 부르짖으니, 내게 은혜를 베푸소서
내 영혼이 주를 우러러보오니, 나를 기쁘게 하소서
환난 날에 내가 주께 부르짖으리니
신속히 내게 응답하소서
주의 도를 내게 가르치소서
일심으로 주의 이름을 경외케 하소서

하나님이여
자기 앞에 주를 두지 아니한 교만, 포악한 자가
나를 치고 내 영혼을 찾아 멸하려 하나
주는 긍휼히 여기시며
사죄하기를 즐거워하시며
은혜를 베푸시며
노하기를 더디하시며
은혜와 진실이 풍성하시니

굽어살펴 내게 은혜를 베푸소서
주의 종에게 힘 주시고 구원하소서
위급에 처한 나를 위로하시고
은총의 표적을 내게 보이소서

주께서 그리하시면
모든 민족이 와서 주께 경배하며
주의 이름에 영광을 돌리고
위대하고 기이한 일을 행하신
주님을 높일 것입니다
주 나의 하나님이여
내가 전심으로 주를 찬송하고
영원토록 주의 이름에 영광 돌리겠습니다
내게 향하신 주의 인자하심이 크사
내 영혼을 깊은 스올에서 건지셨음을
온 세상 널리 전하겠습니다
[시 86:1-17]

시온성

전능한 하나님의 터전
거룩한 하나님이 계시는 성산
여호와께서 그 문을 사랑하신다
오 하나님의 성임이여
찬란한 영광으로 충만하도다

지존자가 친히 세운 시온성
온 세상 만민이 거기서 났다
온 인류의 시원지
때가 되면 만민이 거기로 돌아가
노래하고, 찬양하고,
뛰어놀고, 춤추고
할렐루야 외치리라
 [시 87:1-7]

주를 향하여 나의 두 손을 높이 들었습니다

나의 영혼은 재난이 가득하고 스올에 가까웠으며
나는 힘 없이 무덤에 내려가는 자 같다
아니 나는 죽은 자 중에, 무덤에 누운 자 같다
주께서 나를 깊은 웅덩이, 어둡고 침침한 곳에 두셨으며
주의 노가 나를 누르고 주의 파도가 나를 괴롭힌다
지인들이 나를 멀리 떠나고
까닭 없이 나를 가증히 여긴다
나는 외로운 섬에 홀로 갇혀버렸다
곤란으로 인해 내 눈이 쇠하였다
여호와 내 구원의 하나님이여
내가 주야로 주 앞에 부르짖습니다
나의 기도, 부르짖음에 응답하소서

여호와여
어찌하여 나의 영혼을 버리시며
어찌하여 주의 얼굴을 내게서 숨기십니까?
내가 소시부터 고난 당해 죽게 되었으며
주께서 주신 두려움에 당황하였습니다
주의 진노, 주의 두려움이 내게 차고 넘칩니다
이런 일이 늘 나를 에우며 둘러쌉니다
주는 내게서 사랑하는 자, 친구를

다 흑암으로 데려가버렸습니다
나는 언제나 적막강산에 혼자입니다
여호와여
나는 오직 주께 부르짖을 뿐입니다
아침 일찍 주께 기도하오니, 응답하소서

여호와여
죽은 자가 주의 기이한 일을 볼 수 없습니다
유령이 일어나 주를 찬송할 수 없습니다
무덤에서, 멸망 중에서 주의 인자, 성실을 선포할 수 없습니다
흑암 중에서 주의 기적을 알 수 없습니다
망각의 땅에서 어찌 주의 공의를 알 수 있습니까?
이것이 나를 치유하고 살릴 이유입니다
그래서 내가 매일 주께 부르짖고
주를 향하여 나의 두 손을 높이 들었습니다
주여, 불쌍히 여기소서
제발 나를 속히 살리소서
[시 88:1-18]

주의 정책은 의, 공의, 인자, 진실을 표방합니다

주께서 다윗에게 맹세하셨다
"내가 네 자손을 영원히 견고하게 하며
 네 왕위를 대대에 세우리라"
여호와는 비교 대상이 되지 않는 유일한 최고의 신입니다
하나님은 모든 자의 극한 두려움의 대상입니다
여호와는 그 힘을 성실히 집행하는 전능자입니다
주께서 파도가 일어나게, 잔잔케도 하십니다
주께서 애굽을, 주의 원수를 깨뜨리고 흩으셨습니다
온 천지는 주께서 건설한 주의 것입니다
주는 강하고 능한 손을 높이 들었습니다
주의 정책은 의, 공의, 인자, 진실을 표방합니다
우리의 방패, 우리의 왕이 여호와께 속하였나이다

그 주의 은총으로 나의 뿔이 높아지오니
내가 여호와의 인자, 성실을 노래하고 전하리라
그것을 영원히 세우고 견고히 하리라
주의 기이한 일, 성실을 찬양하리라
주의 얼굴 빛 안에서 다니며 즐겁게 소리치리라
주의 이름을 기뻐하고, 주의 공의를 높이리라
[시 89:1-18]

다윗의 왕위를 영구케 하리라

주께서 주의 성도들에게 말씀하신다
"내가 택함받은 용사를 돕고 높였다
 내 종 다윗을 찾아내어 그에게 기름을 부었도다
 내 손이 그를 견고케 하고 내 팔이 그를 힘 있게 하리라
 그에게서 악한 자, 원수를 막아주리라
 내가 그를 미워하는 자, 그의 대적들을 치리라
 내가 성실과 인자로 그의 뿔을 높이리라
 내가 그의 손이 사방을 점령하게 하리라
 내가 그를 장자, 왕들의 지존자가 되게 하리라
 인자를 영원히 지키고, 맺은 언약을 굳게 하리라
 그의 왕위를 하늘의 낮과 같이 영구케 하리라
 그가 나를 '주는 나의 아버지, 하나님, 구원의 바위'라 하리라"

"만일 그의 자손이 내 법, 규례, 율례, 계명을 떠나면
 내가 채찍으로 그들의 죄를 다스리고 벌하리라
 그러나 나의 인자, 성실을 다 폐하지는 않으며
 내 입술에서 낸 언약을 깨뜨리지 아니하리라
 내가 한 번 맹세하였으니, 그것이 거짓이 되지 않게 하리라
 그의 왕위는 해같이 항상 내 앞에 있고
 달같이 영원히 견고하게 되리라"

그러나 주께서 다윗에게 노하사 물리쳐 버리셨고
그의 관을 땅에 던져 욕되게 하셨으며
그의 모든 울타리, 요새를 무너뜨려
탈취와 욕을 당케 하였나이다
주께서 오히려 그의 대적, 원수를 강하게 하시고
그의 칼날을 둔케 하여 패하게 하셨습니다
그의 왕위는 끝나고, 그의 영광은 그치게 하시고
그의 청춘을 짧게 하여, 수치로 덮어버렸습니다

여호와여, 언제까지입니까?
주의 노가 언제까지 불붙듯 하시겠습니까?
성실하심으로 맹세하신 주의 인자는 어디에 있습니까?
주여, 약속이 틀리지 않습니까? 이해할 수 없습니다
반드시 죽어야만 하는 인생
나의 때가 얼마나 짧은지 기억하소서
종들이 받는 어이없는 비방을 기억하소서

여호와여, 어리석은 내가 깨달았습니다
다윗의 자손 예수 그리스도로 말미암아
그의 왕위가 영원히 해, 달처럼 이어짐을
예수 그리스도는 만왕의 왕, 그의 왕위는 영원합니다
여호와를 영원히 찬양할지어다
아멘, 아멘
[시 89:19-52]

신속히 가는 인생, 우리의 죄악 때문이라

온 땅과 세상을 내시기 전부터 계신 주는
영원부터 영원까지 계신 하나님이십니다
영원 지존하신 주께서는 대대로 언제나
우리의 거처가 되십니다
우리는 전적으로 주님만 의존하여 삽니다

그러하나 우리는 영원하지 못하고
주의 명령 따라 티끌로 돌아갑니다
주님께는 천 년이 하루 같고 밤의 한 순간 같으나
우리는 그 하루도, 한 순간도 채우지 못합니다
인생은 홍수에 휩쓸려가는 것, 잠깐 자는 것
아침에 돋아 꽃 피우나 저녁에 시드는 풀 같습니다

그것은 우리의 죄악 때문이라
우리의 죄악이 주 앞에, 은밀한 죄가 주의 얼굴 빛 속에 있으니
우리는 주의 분내심에 놀라고 주의 노에 소멸됩니다
순식간에 지나가는 우리의 평생이 주의 분노 중에 있습니다
겨우 70, 80 사는 연수의 자랑은
극한 수고, 고통, 슬픔뿐입니다
인생은 찰나이나, 언제나 고해입니다

주여

우리가 우리 죄로 인한 주의 진노를 깨닫게 하소서

우리 날이 잠깐임을 깨닫는 지혜를 주소서

여호와여, 우리에게 돌아오소서

주의 종들을 불쌍히 여기소서

잠깐인 인생이나, 이 나그네 길에서

주의 인자로 즐겁고 기쁘게 하소서

괴롬, 화 당한 연수대로 우리를 기쁘게 하소서

주의 행사, 영광을 우리와 우리 자손에게 나타내소서

주의 은총을 우리에게 내리사

우리 손이 행한 일을 견고하게 하소서

열매 맺어 주 앞에 드리게 하소서

[시 90:1-17]

인생은 잠깐

잠자는 것 같다
살았으나 아무것도 모른다
꿈을 현실로 생각한다
눈 감았다 뜨니
하루 밤 다 갔다

돋는 풀 같다
봄에 순 돋아 자라고
여름에 꽃피어 자랑하다가
가을에 시들어 마르니
겨울엔 없는 것 같다

날아가는 것 같다
가다가, 걷다가, 달리다가
화살처럼 날아간다
종착점서 돌아보니
휙 하고 끝났다

홍수에 휩쓸려가는 것 같다
무서운 홍수에, 탁류에
쓰레기, 집, 돼지 다 휩쓸려 간다
인생도 아우성치며 허무하게 사라진다
억울한 외침도 소리없이 사라진다

주여
이것은 우리의 죄악 때문이라
절실히 회개하오니
잠깐임 확실히 아오니
우리에게 돌아오소서
종들을 불쌍히 여기소서
우리 날을 기쁘게 하소서
행한 일이 열매 맺게 하소서
우리 주 여호와여
[시 90:3-6, 10]

나는 지존자의 은밀한 곳에 거한다

여호와는 나의 피난처, 요새
내가 의지하는 하나님
그는 지존자, 전능자
나는 지존자의 은밀한 곳에 거주하며
전능자의 그늘 아래 산다

그는 나를 새 사냥꾼의 올무에서
심한 전염병서 건지신다
천만인이 코로나로 엎드러지나
그 재앙이 내게 가까이 못하리라
그가 나를 그의 깃으로 덮으시고
그의 날개 아래 피하게 하신다
그의 진실의 방패로 내가 거짓을 이기게 하신다
나는 밤의 공포, 낮의 화살, 재앙 두려워 않는다
화가 내게, 재앙이 내 장막에 가까이 못한다
그가 나를 그의 천사들로 지키시기 때문이다
그들이 나를 붙들어 발이 돌에 부딪히지 못하게 한다
내가 사자와 독사를 발로 밟고 누르리라
내가 인간들이 보응 당함을 똑똑히 보리라

그 하나님이 내게 말씀하신다
"네가 나를 사랑하니, 내가 너를 건지리라
네가 내 이름을 아니, 내가 너를 높이리라
네게 환난 당할 때에 함께 하여
너를 건지고 영화롭게 하리라
네가 장수하게 함으로 만족케 하며
나의 구원을 네게 보이리라"
[시 91:1-16]

주께서 행하신 일로 나를 기쁘게 하셨으니

악인들은 풀같이 자라 흥왕할지라도
영원히 멸망하리이다
주의 원수들은 정녕 패망하고
죄악을 행하는 자들은 다 흩어지리이다
나를 치는 악한 원수들이 보응 받는 것을
내 눈이 보고 내 귀로 들었습니다
주께서 내 뿔을 들소의 뿔같이 높이셨고
내게 신선한 기름을 부으셨습니다

의인은 여호와의 집에 심긴 나무
하나님의 정원에서 번성한다
그는 사막의 종려나무 같이 무성하며
레바논의 백향목 같이 성장하리라
그는 늙어도 여전히 결실하며
진액이 풍족하고 빛이 청청하니
항상 여호와의 정직하심, 바위되심
불의가 없음을 나타내리라

여호와여, 지존자여
주께서 행하신 놀라운 일로 나를 기쁘게 하셨으니
내가 높이 외치리이다
십현금, 비파, 수금으로 주의 이름 찬양하고
아침마다 주의 인자하심 알리며
밤마다 주의 성실하심 노래하리라
[시 92:1-15]

여호와께서 통치하시니

여호와께서 통치하시니
그 권위 위엄차도다
여호와께서 능력의 옷을 입고 띠를 띠셨으니
온 세계 견고하고 흔들리지 않는다
주의 보좌는 예부터 견고히 섰고
주는 영원부터 계셨습니다
주의 증거들이 매우 확실하고
거룩함이 주의 집에 합당하니
여호와는 영원무궁하십니다

여호와여
이방 강대국이 소리를 높였고
원수의 무리가 함성을 질렀으니
반역의 물결이 높아집니다
하오나 높이 계신 여호와의 능력은
많은 물소리와 바다의 큰 파도보다 크니
일시에 다 잔잔케 하십니다
온 천하는 그 앞에서 잠잠하라
[시 93:1-5]

악인이 언제까지 개가를 부릅니까?

여호와여
악인이 언제까지 개가를 부릅니까?
악인들이 마구 지껄이고 오만하게 떠들며 자만합니다
그들이 주의 백성을 짓밟고 곤고하게 합니다
그들이 모여 의인의 영혼을 치고
무뢰한 자를 정죄하여 피를 흘립니다
과부, 고아, 나그네를 살해합니다
그러면서 "여호와가 보지 못하고 알아차리지 못한다" 합니다

여호와여
복수하시는 하나님이여
고난당하는 우리에게 빛을 비추소서
세계를 심판하시는 주여
일어나 교만하고 악한 자들에게 마땅한 벌을 주소서

어리석고 무지한 자들아, 들어라
귀를 지은 이가 듣지 않으시랴?
눈을 만든 이가 보지 않으시랴?
교훈하고 징벌하는 이가 벌하지 않으시랴?
여호와께서는 악인의 허무한 생각을 다 아신다
그는 우리를 위하여 일어나서 그들을 치신다

그들의 죄악을 그들에게로 되돌리시고
그들의 악으로 인하여 그들을 끊으신다

악인으로 인하여 고난을 받으나
주의 법으로 교훈을 받는 자는 복이 있나니
주는 그에게 환난의 날을 피하게 하고 평안을 주신다
자기 백성을 버리지 않고 외면치 않으신다
나는 여호와의 도움이 아니면
내 영혼이 벌써 음부의 침묵 속에 잠겼으리라
내가 실족할 때에 주의 인자가 나를 붙드셨고
내가 근심이 많을 때에 주의 위안이 나를 즐겁게 하셨다
여호와는 나의 요새요
나의 하나님은 내가 피할 반석이시라
[시 94:1-23]

우리가 여호와께 즐거이 노래하자

오라
우리가 여호와께 즐거이 노래하자
우리 구원의 반석을 향하여 크게 외치자
감사함으로 그분 앞에 나아가며
시로 즐거이 그분을 노래하자
여호와는 지극히 크신 하나님이시요
유일한 지존자 대왕이기 때문이라
땅의 깊은 곳, 높은 산, 바다, 육지 다
그분이 만드신 그분의 것이기 때문이라

오라
우리가 절하며 경배하자
우리를 지으신 여호와 앞에 무릎을 꿇자
그분은 우리의 하나님 아버지시요
우리는 그분이 기르시는 백성이며
그분의 손이 돌보시는 양이기 때문이라
우리는 그분의 음성을 들을 때마다
마음을 부드럽게 하여 순종하자
그 길만이 자손 대대로 복 받는 길이기 때문이라
[시 95:1-11]

영광과 권능을 여호와께 돌릴지어다

새 노래로 여호와께 노래하라
온 땅이여, 여호와께 노래하라
여호와께 노래하여 그의 이름을 송축하여라
그의 구원을 날마다 전파하라
민족들 중에서 그의 영광을 말하며
만민 가운데에서 그의 놀라운 일을 선포하라
여호와는 높고 위대하시니
진심으로 경외하고 지극히 찬양하라
그는 온 천지를 지으셨고
존귀와 위엄이 그의 앞에 있으며
능력과 아름다움이 그의 성소에 충만하기 때문이라

만국의 족속들아
영광과 권능을 여호와께 돌릴지어다
그의 이름에 합당한 영광을 그에게 돌릴지어다
예물을 들고 그의 궁정에 들어갈지어다
아름답고 거룩한 것으로 그에게 예배할지어다
온 땅이여, 그 앞에서 떨지어다
하늘과 땅은 기뻐하고 즐거워하며
바다와 거기에 충만한 것은 외쳐라
밭과 거기 있는 모든 것은 즐거워할지로다

숲의 모든 나무들은 즐거이 노래할지어다
여호와께서 다스리시니
세계가 굳게 서고 흔들리지 않으며
그가 세계를 의, 공평, 진실로 심판하시기 때문이라
[시 96:1-13]

여호와께서 통치하시니

여호와께서 통치하시니
온 땅은 즐거워하고 많은 섬들은 기뻐한다
영광의 구름과 흑암이 그를 둘렀고
의와 공평이 그의 보좌의 기초로다
그의 번개가 세계를 비추니
온 땅이 주 앞에서 떨고 산들이 밀랍같이 녹았도다
하늘이 그의 의를 선포하니
세계 만민이 지존하신 그의 영광을 보았도다

불이 주 앞에서 나와 사방의 대적을 불사르신다
조각한 신상을 섬기며, 허무한 것을 자랑하는 자는
다 수치를 당하고 망할 것이라
시온이 주의 심판을 듣고 기뻐하며 즐거워하리라

여호와를 사랑하는 자들아
악을 미워하고 선을 사랑하라
그가 너희의 영혼을 악인의 손에서 건지신다
여호와로 말미암아 기뻐하며 그 성호에 감사하라
그는 의인을 위하여 빛을 뿌리고
정직자를 위하여 기쁨을 뿌리신다
[시 97:1-12]

Ⅲ. 내 청춘을 독수리 같이 새롭게 하셨도다

새 노래로 여호와께 찬송하라

새 노래로 여호와께 찬송하라
수금과 음성으로 여호와를 노래하라
나팔과 호각 소리로 왕 여호와 앞에 즐겁게 소리쳐라
온 땅이여, 여호와께 즐거이 외쳐라
즐겁게 노래하며 찬송하라
바다와 거기 충만한 것과 세계와
그중에 거하는 자는 다 외쳐라
큰 물은 여호와 앞에서 박수하라
산악은 함께 즐겁게 노래하라

여호와는 기이한 구원을 베푸셨음이라
그는 구원과 공의를 온 세상에 나타내셨도다
그는 인자와 성실로 구원을 보이셨다
그가 땅을 심판하러 임하실 것임이라
그가 의와 공평으로 만민을 심판하시리라
  [시 98:1-9]

하나님은 거룩하시기 때문이라

여호와께서 통치하시니
온 세상 만민이 떨 것이요
그가 천사들 사이에 좌정하시니
땅이 흔들릴 것이라
시온에 계시는 여호와는 위대하시고 높으시도다
주의 크고 두려운 이름을 찬송할지니
그는 거룩하시기 때문이라

전능의 왕은 정의를 사랑하고
공의를 견고하게 세우신다
그는 온 세상에 그것을 집행하신다
그는 불의와 사곡을 물리치신다
그 여호와 하나님을 높이고 경배하라
그는 거룩하시기 때문이라

여호와는 모세, 아론, 사무엘의 기도에 응답하셨도다
그는 그들의 행한대로 갚기는 하셨으나 또한 용서하셨다
너희는 그가 주신 증거와 율례를 두려움으로 지켜라
여호와 하나님을 높이고 그 성산에서 예배하라
우리 하나님은 거룩하시기 때문이라
[시 99:1-9]

여호와께 즐거운 찬송을 부르라

만민들아
여호와께 즐거운 찬송을 부르라
기쁨으로 그를 섬기며
노래하면서 그의 앞에 나아가라
감사, 찬송함으로 그의 궁정에 들어가
그에게 큰소리로 영광 돌리며
그의 이름을 송축하라

여호와는 우리를 지으신 우리 하나님
우리는 그의 것, 그의 백성, 그의 기르시는 양
그는 선하시고, 인자하심이 영원하고
성실하심이 대대에 미치기 때문이라
[시 100:1-5]

나와 함께 할 자, 함께 하지 못할 자

여호와여
내가 인자와 정의를 노래하며
기쁨으로 주께 찬양합니다
내가 완전한 길을 주목하며
주의 임하심을 간절히 기다리고
늘 완전한 마음으로 행하겠습니다
나는 주께 충성된 자를 나와 함께 살게 하고
완전한 길에 행하는 자와 함께 하겠습니다

나는 비천한 것을 멀리하고
배교자의 행위를 미워합니다
나는 악한 것을 마음에 생각지도 않고
악한 자를 사귀지 않을 것입니다
나는 이웃을 은근히 헐뜯는 자, 교만한 자를
용납지 않고 멸할 것입니다
나는 거짓을 말하고 행하는 자를
내 근방서 다 추방하겠습니다
이 땅의 모든 악인을 척결하겠습니다
[시 101:1-8]

나의 괴로운 날, 내가 부르짖는 날

나의 괴로운 날에
내 뼈는 탄 숯 같고
내 마음은 시들고 마른 풀 같으며
나의 살은 탄식으로 뼈에 붙어버렸다
나는 광야의 올빼미 같고
황폐한 곳의 부엉이 같으며
지붕 위의 외로운 참새 같다

내 원수들이 종일 나를 비방하고
내게 대항하여 미친 듯이 날뛴다
내 날이 연기 같이 사라지고
기울어지는 그림자 같다

이는 주의 분노와 진노로 말미암음이라
주께서 화내어 나를 들어 던져버렸다
나는 나의 죄 깨닫고 통회하며
재를 먹고 눈물을 마십니다
여호와여, 내 기도, 부르짖음을 들으소서
주의 얼굴을 내게서 숨기지 마소서
내가 부르짖는 날에 속히 내게 응답하소서
[시 102:1-11]

시온에 긍휼과 은혜 베푸시니

주께서 일어나사
시온에 긍휼과 은혜 베푸시니
시온의 돌들, 티끌도 복을 받는다
시온을 건설한 주가 영광 중에 나타나
그의 높은 성소에서 인생을 굽어보시고
하늘에서 땅을 살펴보셨다
빈궁한 자의 기도를 돌아보셨다

여호와여
영원히 계신 주를 대대에 기억하고
주의 이름, 영광을 경외합니다
주의 창조를 찬양합니다
주의 긍휼과 구원을 감사합니다
모든 민족, 나라들이 함께 모여
즐거움으로 여호와를 섬깁니다
[시 102:12-22]

영원하신 주여,
나를 중년에 데려가지 마소서

주께서 옛적에 천지를 지으셨습니다

그 천지는 낡아지고 없어질 것이나

주는 영존하시고

주는 한결같으시고

주의 연대는 영원무궁합니다

주의 나라는 영생하는 곳입니다

그러하오나 우리 인생은

이 세상에 잠시 머물다 갑니다

영원하신 하나님

제발 자비를 베푸사

내 힘을 중도에 쇠약케 마시고

내 날을 짧게 하지 마소서

나를 중년에 데려가지 마소서

주의 종이 주 앞에 안전히 거하고 굳게 서서

주의 일 하게 하소서

작은 열매 가지고 자랑하고 싶습니다

[시 102:23-28]

여호와를 송축하라

구원받은 내 영혼아
여호와를 송축하라
살아난 내 속에 있는 모든 것들아
그의 거룩한 이름을 송축하라
그는 좋은 것으로 내 소원을 만족케 하사
내 청춘을 독수리같이 새롭게 하신다
그는 공의로운 심판을 하여
온 세상에 억울한 자 없게 하신다
그는 긍휼과 인자로 은혜 베풀어
죄인을 용서하고 구원 하신다

여호와의 말씀을 듣고 행하는 천사들아
여호와를 송축하라
그에게 수종 들고 그의 뜻 행하는 천군들아
여호와를 송축하라
여호와의 지으심 받고 다스림 받는 너희여
여호와를 송축하라
그는 천지의 창조주, 섭리자, 주재자이시며
온 교회, 세상, 우주의 대왕이시고
선악을 분별할 심판주이시다
[시 103:1-22]

내 청춘을 독수리 같이 새롭게 하셨도다

독수리는 강한 새
새들의 왕
창공을 날고
대지를 살핀다
온 천지에 겁날 것 없다
전혀 거칠 것 없다

여호와는 내 모든 죄악을 사하시며
내 모든 병을 고치시고
내 생명을 파멸에서 속량하시며
인자와 긍휼로 관을 씌우시고
좋은 것으로 내 소원을 만족케 하사
내 청춘을 독수리같이 새롭게 하셨다

나는 영원한 독수리 청춘
하늘을 향하여 날고 날아
하늘 보좌로 나아가리라
거기서 감사의 제사를 여호와께 드리며
그 거룩한 이름을 송축하리라
[시 103:1-5]

여호와는 긍휼, 은혜, 인자의 부자

우리 하나님 여호와는
긍휼과 은혜, 인자의 부자
노, 경책, 처벌에 인색
그의 인자는 하늘보다 높고 태산보다 크다
그는 우리 죄를 우주보다 멀리 옮기셨다
그는 아버지보다 더 우리를 긍휼히 여기신다
그는 잠깐인 우리의 체질을 아시고
인자를 영원히 베푸신다
의를 자손 대대에 내리신다

여호와는
자비롭고 은혜롭고 노하기를 더디하시고
인자와 진실이 많은 하나님이라
인자를 천대까지 베풀며
악과 과실과 죄를 용서하시리라
그러나 벌은 면제하지 아니하고
아버지의 악행을 자손 삼사대까지 내리리라
[시 103:8-18; 출 34:6-7]

우리의 체질

우리는 강하다
영웅이 아니라도
천하를 호령할 것 같다
나는 우주의 주인공이다

그러나 우리의 실상은
단지 먼지일 뿐
가볍게 흩날리고
제대로 보이지도 않는다
없는 거나 마찬가지다

인생의 실상은 그 날이 풀과 같다
그 영화는 풀의 꽃과 같다
풀은 마르고 꽃은 떨어진다
큰 바람 불면 다 날아가버린다
흔적도 없이 사라진다

그러나 이런 허무한 인생도
영원하신 여호와의 긍휼, 인자 입으면
하나님의 자녀 되고
영생을 얻으며
천국의 영광을 누리니
그 여호와께 감사, 송축할 뿐이라
[시 103:14-22]

내 영혼아, 여호와를 송축하라

내 영혼아, 여호와를 송축하라
주 여호와 나의 하나님은
위대하고 위대하시며
존귀와 권위로 옷 입으셨다
주께서 빛을 옷 입음 같이 하시고
하늘을 휘장같이 둘러치시며
물에 자기 누각의 들보를 얹으시고
구름 수레를 타시고
바람 날개로 날고
바람을 자기 사신으로 삼고
불꽃으로 자기 사역자를 삼으시며
땅에 기초를 놓으사
영원히 흔들리지 않게 하셨다
주께서 물의 경계를 정하여
강과 바다가 되게 하셨다
내가 평생토록 여호와께 노래하고 찬양하리라
나는 여호와로 인해 즐거워하리라
내 영혼아, 여호와를 송축하라
할렐루야
[시 104:1-9, 31-35]

생사가 온전히 주의 손에 달렸다

여호와께서 샘물을 골짜기에서 솟아나게 하여
산 사이에 시냇물이 되게 하사
각종 들짐승이 마시고
나무, 풀들도 자라게 하신다
이는 그의 누각에서 산에 물을 부어
각종 열매 맺게 하심이라
여호와의 나무에는 물이 흡족함이여
그 물은 모든 것을 살리는 생수로다
주께서 지으신 크고 넓은 바다에는
크고 작은 동물들이 그 속에 가득하다

하나님은 모든 생물에게 양식을 주신다
가축에게 풀, 사람에게 채소를 주신다
사람의 마음을 기쁘게 하는 포도주
얼굴을 윤택하게 하는 기름
마음을 힘있게 하는 양식을 주신다
부르짖는 사자에게도 먹이를 주신다
물고기에게도 때 따라 먹을 것을 주신다
모든 생물이 다 주만 바라본다
생사가 온전히 주의 손에 달렸다
 [시 104:10-30]

그가 그 언약을 기억하여 이루셨도다

여호와께 감사하라
그에게 노래하며, 그를 찬양하라
그의 거룩한 이름을 자랑하라
여호와와 그의 능력을 항상 구하라
그가 행한 기적, 이적, 판단을 기억하라
그는 여호와 우리 하나님이시라
그의 판단이 온 땅에 있도다
그 판단은 그의 언약을 기억하신 것
그 언약은 아브라함, 이삭, 야곱에게 하신 맹세
"내가 가나안을 네게 주어 소유 되게 하리라"
그가 그 언약 기억하여 이루셨도다

그 때에 이스라엘은 수가 적어
그 땅에서 나그네로 떠돌아 다녔으나
하나님이 오른손으로 보호하셨다
그 땅과 사방이 기근이 들 때에
요셉을 애굽에 먼저 보내 총리되게 하시고
온 이스라엘을 그리로 인도하셨도다
그들이 번성하니 압제도 왔다
하나님이 모세와 아론을 보내
그 땅에 열 재앙 내리시어

그 백성을 해방시키셨다
홍해를 육지같이 건너게 하셨다
하나님은 광야에서 그들을
구름기둥, 불기둥으로 보호하시고
만나, 메추라기, 생수로 먹이셨다

마침내 약속한 가나안 땅을
기업으로 주어 살게 하셨다
 [시 105:1-45]

크게 범죄해도 기적으로 구원하셨도다

할렐루야
여호와께 감사하라
그는 선하시고 그 인자하심이 영원하도다
누가 능히 여호와의 권능을 다 말하고
그가 받으실 찬양을 다 선포하랴
여호와는 자기 백성에게 은혜 베푸시고
형통함과 기쁨을 나누어 주셨도다
나는 이러한 주의 은총을 자랑하리라

이스라엘은 홍해에서
애굽에서의 하나님 이적 잊어버리고
울부짖고 원망하였으나
하나님은 모세의 다급한 기도 들어
홍해를 갈라 건너게 하시고
애굽 군대를 수장시켰도다

이스라엘은 광야에서 일부가
하나님이 홍해를 가르신 이적 잊어버리고
하나님을 시험, 모세, 아론을 질투하므로
지진과 화염으로 그들을 치셨도다
대다수는 크게 경고를 받았도다
이스라엘은 호렙에서
금송아지로 하나님을 대신하였으나
모세의 애절한 간구 들으시고
그들을 멸하시지 아니하였도다
이스라엘이 광야에서
하나님을 원망하고 순종치 않으며
바알에게 연합하고 혼음하여
염병으로 24,000 죽었으나
비느하스의 헌신으로 그 재앙 그쳤도다

이스라엘이 가나안에서
이방 민족과 섞여 우상 섬기고
자녀를 악귀에게 제물로 바치며
행동이 음탕으로 더뤄지므로
하나님이 그들을 이방에 넘기셨으나
그들이 고통 중에 부르짖으니
사로잡힌 땅에서 돌아오게 하였도다

주의 거룩한 이름을 감사하며
주의 영예를 찬양하라
여호와 이스라엘의 하나님을
영원부터 영원까지 찬양하라
모든 백성들아, '아멘' 하라
할렐루야
[시 106:1-48]

여호와는 선하시며
그 인자하심이 영원하도다

여호와께 감사하라
그는 선하시며 그 인자하심이 영원하도다
여호와의 인자하심과
인생에게 행하신 기적으로 인하여
그를 찬송할지로다
감사제를 드리고 노래하여
그가 행하신 일을 선포하리로다
여호와께서 대적의 손에서 그들을 건져
각처로부터 모으셨도다
그가 사모하는 영혼을 만족케 하시며
주린 영혼에게 좋은 것을 채워주시도다
할렐루야

이스라엘이 광야 사막에서
자신들의 죄로 인해 징벌 받아
주리고 목 마르고 피곤하였으나
근심 중에 여호와께 부르짖으매
그들을 건지고 인도하여 주셨도다
이스라엘이 하나님을 배역하므로 징벌 받아
이방에 포로가 되었다

그들은 흑암, 사망에 취하였다
그들이 환난 중에 여호와께 부르짖으매
그들을 구원하여 돌아오게 하셨도다
그것은 여호와의 인자하심
그들에게 행하신 기적이다
[시 107:1-22]

바다의 광풍노도, 여호와의 행사라

바다에서 광풍 일어나
큰 물결 대작하니
그 물결 하늘로 솟구쳤다가
깊은 심연으로 떨어진다
그 위험 너무 커
간이 떨어지고 영혼이 녹는다
그 물결 마구 구르매
만취자같이 비틀거리니
모든 지각 혼돈 속에 허우적댄다

이런 기이한 일들은
모두가 여호와의 행사라
그 광풍노도 고통 속에서
살려달라 부르짖으매
그가 그 광풍노도 잠재우고
그들을 인도하여 내신다
그들이 평온함으로 기뻐하는 중에
주가 그들을 바라는 항구로 인도하신다
그것은 여호와의 인자하심
인생에게 행하시는 이적이다
[시 107:23-32]

여호와는 겸손한 자 찾아 복 주신다

여호와께서 교만자에게는
강이 변해 광야 되게
옥토가 변해 염전이 되게 하시고
능욕을 쏟아부으시고
길 없는 황야서 유리케 하신다
압박, 재난, 우환으로 수를 줄이시고 낮추신다

그러나 겸손자에게는
광야가 변해 못이 되게
마른 땅이 변해 샘물 되게 하시고
거기 살고 거주지 되게 하신다
해마다 풍성한 소출 거두게 하시고
복을 주사 크게 번성케 하신다
고통으로부터 건지시고 양 떼 같이 지키신다

여호와께서 교만자는 낮추시고
겸손자는 높이신다
교만자는 온갖 벌 주시고
겸손자에게는 온갖 은총 베푸신다
그것은 여호와의 인자하심이라
겸손한 자 찾도다
낮추고 또 낮추세
[시 107:33-43]

내 마음에 확정하였습니다

하나님이여

내 마음에 확정하였습니다

내가 하나님을 노래하며

내 마음을 다해 주를 찬양하기를

내가 새벽에 깨어 기도하기를

내가 만민 중에서 주께 감사하고

모든 나라 중에서 주를 찬양하기를

내가 주의 인자, 진실을 크게 선포하기를

주의 인자가 하늘보다 높아지고

주의 진실이 궁창에까지 이르기를

내가 날마다 고백하기를

주는 하늘 위에 높이 들리시고

주의 영광이 온 땅에서 높임 받으시기를

내가 항상 간절히 원하기를

　[시 108:1-5]

하나님만 의지하고 용감히 행하리라

하나님이 우리를 버리시고
우리 군대와 함께 나아가지 아니하심은
우리의 죄악 때문이라
그것은 마땅한 일입니다

하나님이여
우리가 통절히 회개하오니
우리가 주의 것임을 다시 기억하사
우리를 도와 대적을 치게 하소서
우리는 사람이 아닌 하나님만 의지합니다

하나님이 우리를 도우는 날
우리는 하나님만 의지하고 용감히 행하리라
견고한 적진으로 신속히 진격하리라
우리의 대적들을 발로 짓밟으리라
[시 108:6-13]

주의 선하신 인자로 나를 구원하소서

나는 악인들의 비방거리라
그들이 온갖 악한 말로 나를 공격합니다
까닭 없이 나를 미워하고 대적합니다
나를 보면 머리를 흔듭니다

나는 가난하고 궁핍하여 중심이 상합니다
석양 그림자같이 신속히 지나가고
메뚜기같이 바람에 불려갑니다
그러나 나는 금식하고 부르짖음으로
내 무릎이 흔들리고 육체가 수척합니다

나의 대적들이 욕을 옷 입듯 하게 하시고
자기 수치를 겉옷같이 입게 하소서
주께서 그들의 죄악을 기억하시며 심판하사
저주가 물같이, 기름같이 그들 속으로 들어가게 하소서

주 여호와여

그들은 내게 저주해도 주는 내게 복을 주소서

주의 이름으로 말미암아 나를 선대하소서

주의 선하신 인자로 나를 건지소서

나를 도우시며 구원하소서

주의 하신 구원을 나의 대적이 알게 하소서

주는 궁핍한 자의 오른쪽에 서서 반드시 구원하시리니

나는 주의 구원을 즐거워하리라

내가 입으로 여호와께 크게 감사하며

많은 사람 중에서 찬송하리라

항상 '할렐루야' 외치리라

[시 109:21-31]

주는 만왕의 왕, 영원한 제사장이시다

주는 만왕의 왕, 영원한 제사장
주는 여호와께서 주신 권능의 규를 받아
주의 원수들을 발판으로 밟고
그 원수들을 다스리시리라

주가 노하시는 날에
왕들을 쳐서 깨뜨리실 것이라
뭇 나라를 심판하여 시체로 가득케 하시고
여러 나라의 머리를 쳐서 깨뜨리시며
생수를 마시므로 머리를 드시리라

주의 권능의 날에
주의 백성이 성의를 입고 즐거이 헌신하고
새벽 이슬같은 주의 청년들이
주께 나아와 경배하리라
만왕의 왕, 영원한 제사장을 찬양하리라
[시 110:1-7]

전심으로 감사하고 영원히 찬양하자

여호와께서 행하시는 일들은 위대하다
그 일들은 존귀하고 엄위하며 의롭다
자기 백성에게 기업을 주시는 그 일은
전능의 능력에서 나오는 기적이다

그 기적을 행하시는 여호와는
은혜로우시고 자비하시도다
그는 자기를 경외하는 자에게 양식을 주시고
자기의 언약을 영원히 기억하신다
자기 백성을 속량하여 구원을 주신다

그 은혜롭고 자비한 여호와께서 하시는 일은
영원무궁토록 정하신 바요
진실과 정의로 행하신 바로다
그의 법도는 우리를 인도하기에 충분하도다

여호와의 이름은 거룩하고 지존하시다
여호와를 경외함이 지혜의 근본이라
그의 하신 일을 즐거워하면서 기리고
훌륭한 지각으로 그의 계명을 지키며
전심으로 감사하고 영원히 찬양하자
[시 111:1-10]

여호와를 경외하며
그의 계명을 즐거워하는 자

그는 정직하다
공의를 따라 영구히 서있는다
그의 집에 부, 재물이 가득하다
흑암 중에 빛이 일어난다
그의 후손은 복을 받고 강성한다

그는 자비롭고 긍휼이 많으며 의롭다
은혜 베풀고 꾸어주기 잘 한다
그는 그 일을 끝까지 행한다
그는 만사에 형통하리니
돕는 자가 많으리라

그는 끝까지 여호와를 의뢰한다
마음을 굳게 정하여 나가고
아무리 흉한 소문도 두려워하지 않는다
그는 악인들의 한탄을 들으며
대적들이 받는 보응을 결국은 보리라

그는 재물을 흩어 구제하기 잘 한다
빈궁한 자들에게 아낌없이 베푼다
그는 오른손이 하는 걸 왼손이 모르게 하나
그의 의가 영구히 드러나고
그의 뿔이 영광 중에 들리리라
[시 112:1-10]

스스로 낮추사 천지를 살피시는 여호와

여호와 우리 하나님은 온 우주의 왕
가장 높은 곳에 앉아 계시고
모든 나라보다 더욱 높으시며
그 영광 하늘보다 높으시다
해 돋는 데에서부터 해 지는 데에까지
그의 이름 빛나도다

그러나 그 높으신 여호와 하나님
스스로 낮추사 천지를 살피시고
가난한 자를 먼지더미에서
궁핍한 자를 거름더미에서
일으켜 세우시고
지도자들과 함께 세우시며
임신하지 못하던 여자에게
일곱 아들을 주시도다

할렐루야
성도들아, 찬양하라
여호와의 이름을 찬양하라
이제부터 영원까지 찬송하라
온 천지에서 그의 이름을 찬양하라
할렐루야
[시 113:1-9]

너는 야곱의 하나님 앞에서 떨지어다

이스라엘이 애굽에서 나올 때에
유다는 여호와의 거처가 되고
이스라엘은 그의 영토가 되었도다
하나님이 그들과 함께 하여
보호자, 인도자가 되셨도다

홍해가 이스라엘을 보고 도망하고
요단이 유다를 보고 물러갔으며
산들은 지진으로 숫양들같이 뛰었도다
이같은 일은 어찌함인가?
그것은 이스라엘을 위한 여호와의 기적이라

땅이여
너는 야곱의 하나님 앞에서 떨지어다
그는 반석을 쳐서 못물이 되게 하시며
차돌로 샘물이 되게 하시는 전능자시라
그는 그 능력으로 사랑의 목자가 되셨다
목말라 죽는 자 살리셨도다
[시 114:1-8]

성도들아, 여호와를 의지하라

이스라엘아, 여호와를 의지하라
아론의 집이여, 여호와를 의지하라
주를 믿는 성도들아, 여호와를 의지하라
오직 하늘에 계신 우리 하나님은
금, 은으로 만든 우상과 달라
원하시는 모든 것을 행하시는 전능자라
그는 우리의 도움이시요
우리의 방패시로다
그는 성도에게 인자와 진실로
복을 주시고 번창케 하신다
온 땅을 활동 무대로 주신다

전능자 여호와로 말미암아 산 자들아
주의 이름에 영광을 돌려라
큰소리로 그의 은총을 찬양하라
이제부터 영원까지 여호와를 송축하라
할렐루야
 [시 115:1-18]

주께서 나의 결박을 다 푸셨도다

사망의 쇠사슬이 나를 두르고
스올의 고통이 내게 이르므로
내가 환난, 슬픔을 만났을 때에
내가 큰 고통을 당하였을 때에
여호와여, 주께 구하오니
내 영혼을 건지소서 하였도다

여호와는 은혜로우시며, 의로우시며
긍휼이 풍성하신 분이라
주께서 내 영혼을 사망에서
내 눈을 눈물에서
내 발을 넘어짐에서 건지셨도다
주께서 나의 결박을 다 푸셨도다
구원하여 평안함으로 돌아가게 하셨도다

나는 평생에 기도하리라

주 앞에서 행하리라

주신 모든 은혜 보답하리라

내가 구원의 잔을 높이 들고

여호와의 이름을 부르며

주께 감사제를 드리고

내가 스스로 주께 한 서원을

모든 백성 앞에서 성전 뜰에서 갚으리라

할렐루야

[시 116:1-19]

여호와께서 내게 주신 모든 은혜를
내가 무엇으로 보답할까?

여호와께서 내게 주신 모든 은혜

하나님의 자녀, 천국 백성 되게 하신 구원

날마다 내리시는 자연의 은총

질병, 고통, 환난, 핍박서 건지심

날마다 주시는 평강, 건강

외도 너무 많아 다 말할 수 없구나

그 모든 은혜를 내가 무엇으로 보답할까?

그 은혜 너무 많아 다 보답할 수 없으나

내게 있는 모든 것 다 바쳐도 부족하나

내가 구원의 잔을 높이 들고

여호와의 영광스런 이름을 부르며

주께 감사제를 드리고

내가 여호와께 스스로 한 서원을

모든 백성 앞에서, 성전 뜰에서 지키겠습니다

항상 "할렐루야" 외치겠습니다

오직 주만 바라보겠습니다

[시 116:12-19]

모든 만민이 찬양케 하라

할렐루야
모든 나라들아
여호와를 찬양하라
모든 백성들아
하나님을 찬송하라
우리를 향하신
여호와의 인자하심이 크시고
우리를 향하신
하나님의 진실하심이
영원하기 때문이라
할렐루야

이렇게 되게 함은 여호와의 명령
그러므로 너희는 속히 가서
모든 민족에게 복음 전해 제자 삼아
아버지, 아들, 성령 이름으로 세례 주고
분부한 모든 것 가르쳐 지키게 하라
감격하여 여호와를 찬양케 하라
주님이 언제나 함께 하신다
[시 117:1-2]

Ⅳ. 여호와는 내 편이시라

여호와는 내 편이시라

여호와께 감사하라
그는 선하시며 그의 인자하심이 영원하기 때문이라
이제 목사, 장로, 집사, 권사는 말하기를
'여호와의 인자하심이 영원하다' 하라
이제 여호와를 경외하는 모든 자는 말하기를
'여호와의 인자하심이 영원하다' 하라

여호와는 영원한 인자하심으로
내 기도 들어 나를 넓은 곳에 세우셨다
나를 돕는 자들 중에서 내 편이 되셨다
이는 어떤 사람, 고관을 신뢰함보다 낫다
이제 나는 두려워하지 아니하리니
사람이 내게 어찌할까
뭇 나라가 나를 에워싸
그들이 나를 에워싸고 에워싸
그들이 나를 벌들처럼 에워쌌으나
내 편 여호와의 이름으로 그들을 끊으리라
원수가 나를 밀쳐 넘어뜨리려 해도
내 편인 여호와께서 붙들어 주신다
여호와는 나의 능력, 구원이 되셨도다
여호와의 오른손이 높이 들려 구원을 베푸신다

내가 죽지 않고 살아서

여호와의 하신 일을 선포하리라

의의 문으로 들어가 여호와께 감사하리라

주의 날에 우리가 즐거워하고 기뻐하리라

여호와의 이름으로 오는 자를 축복하리라

밧줄로 절기 제물을 제단 뿔에 매리라

내가 주께 감사하고 주를 높이리라

여호와께 감사하라

그는 선하시며 그의 인자하심이 영원하기 때문이라

[시 118:1-29]

여호와여, 구하옵나니

영생으로 구원하신 여호와여 구하옵나니
이제 구원하소서
곤궁하고 지친 내 영혼을
흩어져 세속에서 힘겹게 살아가는 우리 가족을
은혜 없이 기갈 속에 피곤한 우리네 교회를
분열과 갈등으로 허덕이고
공정, 정의가 사라져버린 이 나라를
재난과 코로나로 벌벌 떠는 온 인류를
이제 구원하소서

다스리시고 섭리하시는 여호와여 구하옵나니
이제 형통하게 하소서
우리는 꼬인 것이 많습니다
아무리 해도 안 풀리는 것이 많습니다
뜻밖의 어려움이 많습니다
말도 안 되는 일들이 일어납니다
이제 형통하게 하소서
주여, 우리가 지쳐 낙심키 전에
만사형통케 하소서
모든 것이 합력하여 선이 되게 하소서
 [시 118:25]

여호와의 율법을 행하는 자, 복이 있도다

행위 온전해 여호와의 율법을 행하는 자
여호와의 증거를 지키고 전심으로 여호와를 구하는 자
참으로 불의를 떠나 주의 도를 행하는 자
그는 복이 있도다
그 복은 실패치 않아 수치 당치 않는 것
정직한 마음으로 감사, 찬송하는 것이라

나는 주의 명령 따라 주의 법도를 지키겠습니다
내가 굳은 마음으로 잘 지키게 하소서
늘 힘 주신 것 계속하여
나를 버리지 마시고 굳게 붙드소서
그리하여 날마다 주의 복이 넘치게 하소서
　[시 119:1-8]

나의 행실을 깨끗케 하는 말씀

내가 무엇으로 나의 행실을 깨끗케 하나?
죄악으로 기울어지는 내 마음을 누르고
옳은 행실 이룸은 주의 말씀의 힘!
그 주의 말씀 내 마음에 두고
즐거워하며 잊지 아니한다
주의 규례를 나의 입술로 선포하고
재물보다 더 즐거워하고
그 법도를 작은 소리로 읊조린다
나는 그 말씀 힘써 지키리니
주의 율례를 내게 가르치소서
그 계명 떠나지 말게 하소서
 [시 119:9-16]

천성 가는 나그네; 말씀 따라 간다

나는 땅에서 사나 천성 가는 나그네로
그저 흘러가는, 정처 없는 나그네처럼
되는 대로, 아무렇게나, 흥청망청 살지 않고
천성 계신 여호와의 말씀 따라 간다
내 나그네 길에서 주가 후대하여 살게 하니
나는 감사하여 주의 말씀 지킨다
놀라운 주의 말씀 신기하니
내 마음으로 깊이, 깊이 사모한다
내가 주의 교훈 지키므로
비방과 멸시가 내게 미치고
고관들도 비방하고 핍박하나
주의 종은 주의 율례를 묵상하고
충고 받고 즐거이 지킨다
 [시 119:17-24]

말씀 갈망

주여
주의 말씀대로 진토에 붙은 나를 살피소서
내 길에서 주의 율례를 내게 가르치소서
주의 법도의 길을 깨닫게 하소서
주의 말씀으로 녹아내리는 내 영혼을 세우소서
거짓을 떠나도록 주의 법을 은혜로이 베푸소서
주의 증거에 매달린 내게 수치를 당치 말게 하소서
주의 계명의 길로 달리도록 내 마음을 넓히소서
내가 항상 주의 기이한 일을 묵상하고
성실한 길 택하며 주의 규례 따르겠습니다
[시 119:25-32]

끝까지, 전심으로 즐거이 행하리

주의 법도를 사모하는 나
그 법을 끝까지 지키고
전심으로 준행하며
즐거이 행하리
주의 길에서 걸어가는 나
마음이 언제나 탐욕으로 향하지 않고
눈이 허탄한 것 보지 않으며
오직 주만 경외한다
선한 주의 규례 나를 살린다
[시 119:33-40]

나는 주의 계명을 사랑합니다

나는 주의 계명들을 사랑합니다
그 계명들은 주가 친히 내신 것이니
나는 그것을 주님처럼 사랑합니다
나의 마음, 뜻, 힘, 재물, 생명 다하여 사랑합니다
내가 주의 계명들을 사랑하여
그것을 스스로 즐거워하며
내 손을 들고 묵상하나이다
나는 주의 말씀을 의지하고, 바라고
그것을 내 입에서 떠나지 않게 하며
항상, 영원히 지키리이다
내가 주의 법도를 사랑하여 따라가며
왕들 앞에서도 그것을 떳떳하게 말하겠나이다
[시 119:41-48]

주의 말씀은 나의 위로라

주의 말씀은 고난 중의 나의 위로라
그 말씀이 고난 중에서 나를 살렸다
나에게 소망을 가지게 하였다
그 말씀은 늘 나를 위로한다
하나님은 항상 나의 위로의 주님

주의 말씀의 위로가 나의 힘이 되니
나는 조롱 받아도 주의 법을 떠나지 않는다
주의 법 버린 악인 보고 맹렬히 분노한다
내 나그네 길에서 주의 율례는 나의 노래가 된다
내가 밤중에 주의 이름 기억하고 주의 법 지킨다
주의 법도 지킨 것을 나의 유일한 소유되게 한다
[시 119:49-51]

여호와는 나의 분깃이니

여호와는 나의 분깃, 소유, 기업
아니 나의 전부이니
나는 주의 말씀을 지키리라
그 말씀 향하여 내 발길을 돌이키고
그것을 지키기에 신속히 하리라
나는 아무리 어려워도 주의 법 잊지 않고
그 의로운 주의 법으로 말미암아
밤중에 일어나 주께 감사하리라
그 말씀대로 은혜받기 원하리라
나는 주의 법도를 지키는 자들의 친구라
인자하신 주의 율례들로 나를 이끄소서
 [시 119:57-64]

주의 법은 내게 천천금은보다 좋다

주의 법은 내게 어떤 것보다 더 좋다
세상 사람들 다 금은보화 좋아하나
나는 주의 법이 그보다 더 좋다
억만금을 주어도 바꿀 수 없다

나는 주의 법 천천금은보다 더 좋아하여
그것을 확실히 믿는다
언제나 더 배우기 원한다
고난 후 언제나 깨닫고, 배우고 지킨다
핍박 중에도 전심으로 지킨다
가난한 마음으로 그 법을 즐거워한다
[시 119:65-72]

주의 법은 나의 즐거움이라

세상에 즐거운 것 많아도
최고 즐거운 것은 주의 법이라
그 법은 나를 긍휼히 여겨 살게 하니
어찌 즐겁지 않으랴?

나는 주의 법 즐거워하여
깨달아 알도록 배운다
그 말씀을 간절히 바란다
그 말씀으로 위안을 삼는다
핍박 중에도 그 법도 묵상한다
주를 경외하는 자들에게 그 증거 알린다
그 법에 완전하여 수치 당치 않는다
 [시 119:73-80]

그러나 나는 그럴지라도

나는 연기 속의 가죽 부대 같고
나를 핍박하는 자들은 길길이 날뛰며
교만자들이 나를 해할 웅덩이를 팠나이다
그들은 이유 없이 나를 핍박하고
나를 세상에서 완전히 멸하려고 하나이다

그러나 나는 그럴지라도
주의 구원 사모하여 말씀 바라고
그 율례 잊지 않고 굳게 붙듭니다
주가 주신 힘으로 확실히 지킵니다
주여, 내가 피곤치 않도록 도우소서
 [시 119:81-88]

그 말씀은 나의 즐거움

주의 말씀은 영원히 하늘에 굳게 섰다
주는 그 말씀으로 땅을 세워 항상 있게 한다
천지는 주의 말씀으로 오늘까지 있고
만물은 주의 종이 되었다
주의 말씀은 심히 넓어 끝이 없다

그 말씀은 나의 즐거움
나는 그 말씀으로 고난을 이긴다
나를 살리는 그 말씀
나는 잊지 못한다
그 말씀 찾는다
그것만 생각한다
 [시 119:89-96]

내가 주의 법을 너무 사랑하여

내가 주의 법을 너무 사랑하여
그것을 밤낮 묵상한다
나는 그것을 묵상하고 지키므로 명철 부자 되었다
그것을 항상 가까이 하여 지혜가 풍부하다
나는 그것을 지키려고 악한 길 가지 않고
거짓 행위 미워하며
떠나지 않으려고 온갖 애 쓴다
그것은 너무 달아 내 입에 꿀맛이다
아니 꿀보다 더 달다
나는 그 단 법을 영원히 사랑하리
 [시 119:97-104]

주의 말씀은 내 발에 등이요, 내 길에 빛이라

주의 말씀은 나에게 등불 되어
심한 고난에서 나를 살리고
위기에서 나의 생명을 붙드시며
내가 악인들의 올무에서 벗어나게 한다

주의 말씀은 내 발에 등이요 내 길에 빛이니
내가 그것을 지키기로 맹세하고 굳게 정하였다
나는 그것을 항상 잊지 않고
찬송하면서 배우기 원하며
절대로 떠나지 아니하리라
나는 그것을 영원한 나의 기업으로 삼고
마음으로 즐거워하리라
영원히 마음 기울여 행하리라
[시 119:105-112]

주는 나의 은신처요 방패시라

주는 나의 은신처요 방패시니
내가 주의 법을 사랑합니다
내가 주의 법을 바랍니다
내 하나님의 계명을 지킵니다
주의 말씀으로 내 소망이 성취되기 원합니다

나의 은신처, 방패이신 주여
나를 붙드소서
그리하시면
내가 주의 율례에 주의하고
그것을 결코 떠나지 않고
늘 사랑하며
주와 주의 심판을 두려워하리이다
[시 119:113-120]

내가 주의 계명을
금 곧 순금보다 더 사랑한다

사람들은 옛날부터 금을 좋아하고
지금은 금을 너무 사랑하여 금값이 치솟는다
그러나 나는 순금보다 더 사랑하는 것이 있나니
그것은 주의 계명 곧 주의 말씀이라

내가 주의 계명을 순금보다 더 사랑하여
내가 범사에 모든 주의 법도를 바르게 여기고
그 법도에 어긋나는 모든 거짓 행위 미워한다
아무리 박해받아도 그 법도 따르는 정의, 공의 행한다
그 정의, 공의 실현 위해 목숨을 건다
내 눈이 주의 의로운 말씀 사모키에 너무 피곤하다
 [시 119:121-128]

주의 증거들은 놀라우므로

주의 증거들은 놀라우므로
내 영혼이 이를 지킵니다
내가 사모하여 입을 열고 헐떡입니다
그 말씀이 내게 늘 은혜를 베푸십니다
빛이 나서 우둔한 사람들을 깨닫게 합니다
그래서 나는 항상 감사, 찬송합니다

주의 말씀은 너무 놀라워서
나의 발걸음을 굳게 세워 죄악에서 떠나게 합니다
사람의 박해에서 나를 구원합니다
주의 얼굴을 주의 종에게 비추어 줍니다
그래서 나는 주의 법 지키지 않는 자 보고
눈물을 시냇물같이 흘립니다
 [시 119:129-136]

의로우신 주의 증거는 영원히 의로우니

여호와여

주는 의로우시고

주의 증거는 영원히 의로우니

주의 종이 주의 말씀을 사랑합니다

내가 멸시당해도 주의 법도 잊지 아니합니다

환난과 우환 중에도 주의 계명 즐거워합니다

깨달아 그대로 살기를 원합니다

끝까지 의의 길 가기를 원합니다

내 대적들이 주의 말씀 잊고 떠남 보고

내 열정이 나를 삼킵니다

[시 119:137-144]

내가 주께 부르짖었사오니

여호와여

내가 주께 부르짖었사오니

내가 전심으로 부르짖었사오니

내가 날이 밝기 전에 부르짖었사오니

진리인 주의 말씀 조용히 묵상하려고

내가 새벽녘에 눈을 떴사오니

주여, 내게 응답하소서

주여, 나를 구원하소서

주의 인자를 따라 내 소리를 들으소서

주의 규례를 따라 나를 살리소서

주여, 가까이 오사 나를 지키소서

영원히 세우신 주의 증거 따라 내가 살게 하소서

[시 119:145-152]

주의 말씀대로

주여, 오직 주의 말씀대로
고난에서 나를 건지소서
나를 구하사 살리소서
주의 규례들에 따라 나를 살리소서
주의 인자를 따라 나를 살리소서

주여, 오직 주의 말씀대로
나는 주의 율법을 잊지 아니합니다
주의 증거에서 떠나지 아니합니다
나는 거짓된 자들 보고 슬퍼합니다
주의 법도들을 아주 사랑합니다
진리인 주의 말씀의 강령 영원하리라
[시 119:153-160]

주의 법은 평안과 구원 주니

주의 법은 큰 평안과 영원한 구원 주니
나는 오로지 그 법만 경외한다
금은보화보다 주의 법을 더 즐거워한다
나는 주의 율법을 지극히 사랑한다
하루 일곱 번씩 주를 찬양한다
나는 그 계명들을 적극적으로 행한다
지킨 모든 행위 주 앞에 올린다
[시 119:161-168]

나는 잃은 양같이 방황하나

나는 주님의 한 마리 잃은 양
나는 주님을 따르다가
멋대로 놀고파
주님을 떠난 못된 양

나는 잃은 양 되어
이리저리 방황한다
먹을 것도 없고
맹수들도 덤비고
고독하고 불안하다

선한 목자이신 나의 주님
나를 찾아 헤맨다
동서남북, 온 천지 다니며
목숨 걸고 나를 찾는다
기어이 찾아낸다

나를 찾은 목자 주님
푸른 풀 시원한 물로
말씀의 꼴, 성령의 생수로
먹이고 마시게 하신다
이제 나는 내 잔이 차고 넘친다
[시 119:169-176]

나를 건져주소서

여호와여
내 생명을 건져주소서
거짓된 입술과 속이는 혀에서
온통 세상은
거짓과 속임수가 가득하고
참은 아예 보이지 않습니다

여호와여
내 생명을 건져주소서
화평을 미워하고 싸우려하는 자들에게서
온통 세상은
시기, 질투, 싸움으로 가득하고
평화는 그림자도 보이지 않습니다

여호와여
내가 부르짖으오니
거짓과 전쟁 속에서 나를 건지소서
그 사악한 자들에게
날카로운 화살을 날리고
로뎀나무 숯불을 부으소서
[시 120:1-7]

여호와는 나를 지키시는 자

내가 산을 향하여 눈을 든다
나의 도움이 어디서 어디서 오나
나의 도움은 높은 산이 아니라
그 산을 지으신 여호와에게서로다

여호와는 나를 실족지 않게 지키신다
그는 나를 지키시며
졸지도 않고 주무시지도 않는다
사랑의 눈으로 늘 보살피신다
그는 나의 영원한 불침번이다

여호와는 나를 지키시는 자
그는 내 오른쪽서 내 그늘이 되시어
낮의 해도, 밤의 달도
나를 상하지 않게, 해치지 못하게 하신다
그는 나를 지켜 모든 환난 면케 하고
또 내 영혼까지 지키신다
그는 나의 출입을 지금부터 영원히 지키신다
그는 나의 영원한 보호자시다
[시 121:1-8]

예루살렘 성전

세상에서 가장 잘 짜여진 성읍에
건설된 하나님의 집
여호와의 백성이 그에게 감사하려고
늘 줄지어 올라가는 하나님의 궁전
모든 백성 기뻐하며 올라간다
거기 들어갈 때 감격에 휩싸인다

그 아름다운 궁중에는
하나님의 심판의 보좌가 있다
거기서 모든 여호와의 백성
그의 말씀으로 심판을 받는다
거기는 항상 평안, 하나님의 평강이 있다
그 안에 있는 자에게 평강이 있을지어다
만사형통할지어다
만복이 있을지어다
[시 122:1-9]

우리에게 은혜를 베푸시고 또 베푸시기를

하늘에 계시는 주여
땅 위의 사람들을 살피시는 주여
내가 눈을 들어 주를 바라봅니다
주인을 바라보는 종들의 눈같이
어미소를 바라보는 송아지의 눈같이
우리의 눈이
여호와 우리 하나님을 바라봅니다

자비하신 여호와여
우리가 간절히 기다립니다
우리에게 은혜 베풀어 주시기를
우리에게 은혜를 베푸시고 또 베푸시기를
안일한 자의 조소
교만한 자의 심한 멸시
우리 영혼에 넘치니
주의 은혜가 아니면 견딜 수 없습니다
[시 123:1-4]

여호와께서 우리 편에 계시사

천지를 지으신 여호와는
자기를 믿고 따르는 자
맡기고 의지하는 자
여호와의 원수인 마귀를
싫어하고 대적하는 자인
우리 편이시다

여호와는 항상 우리 편에 서서
맹렬한 노여움으로
우리를 산채로 삼키려는 자들에게서
우리를 휩쓸려는 물
우리 영혼을 삼키려는 시내에게서
우리를 멸망시키려는 악한 대적에게서
우리를 지켜주신다
그는 우리를 내주어
그들의 이에 씹히지 않게 하시고
우리의 영혼을
올무에서 벗어난 새가 되게 하신다
[시 124:1-8]

여호와를 의지하는 자

자기나 세상을 의지치 않고
여호와를 의지하는 자는
시온산이 영원히 요동치 않고 있음 같다
산들이 예루살렘을 두름 같이
여호와께서 그를 영원까지 두르신다
그는 악인들의 권세에서 벗어나
죄악에 손을 대지 않는다
모든 악은 모양이라도 버린다
항상 선하고 마음이 정직하다
그런 그는 여호와로부터 항상 선한 대접을 받는다
넘치는 평강의 복을 받는다

[시 125:1-5]

V. 시온을 기억하며 울었도다

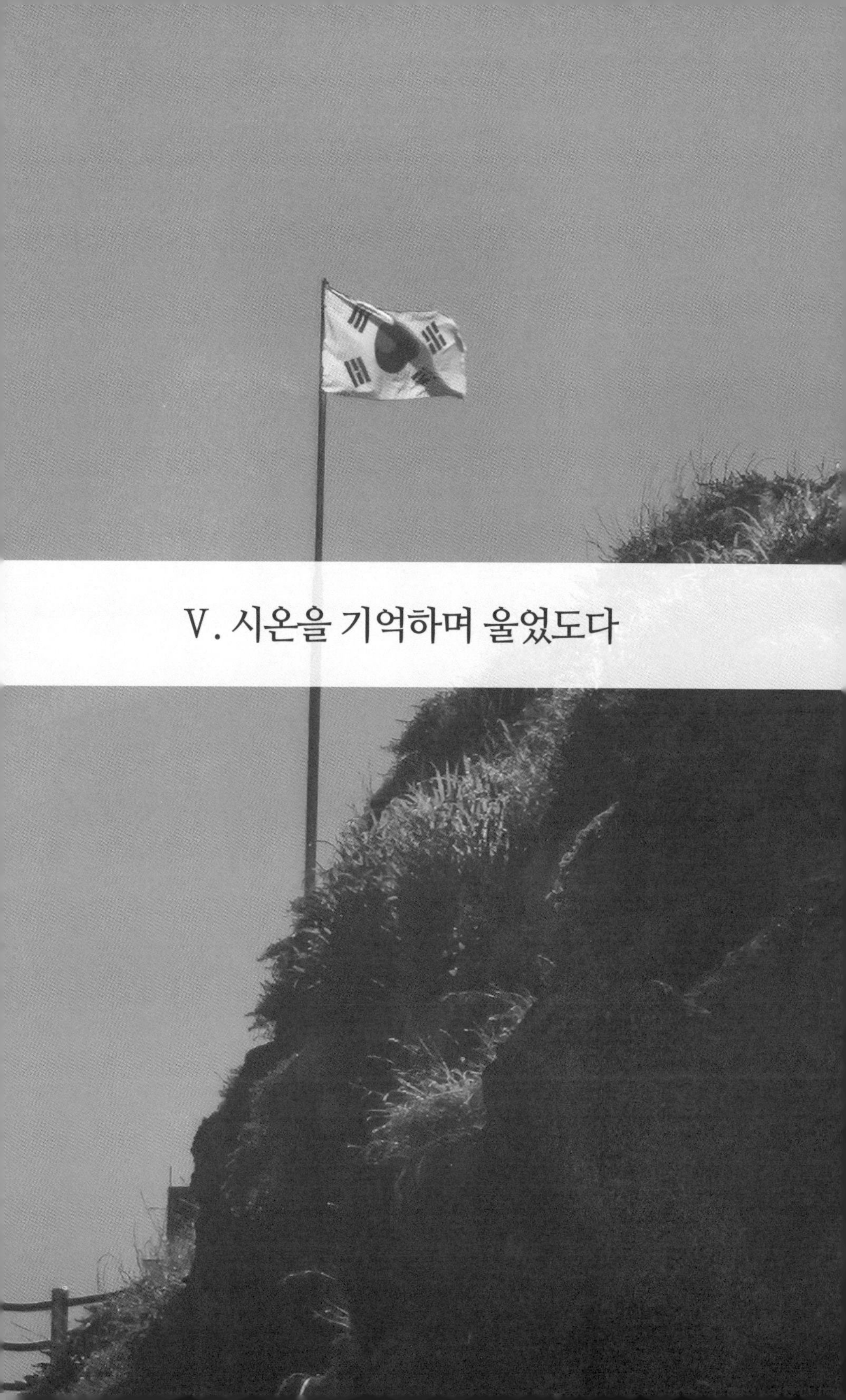

꿈같은 해방, 구원

우리가 마귀의 포로에서 해방될 때
그날은 우리 구원의 날이었다
그 일은 여호와께서 우리를 위하여 행하신 큰 일
인류 역사에서 가장 큰 일, 큰 기적
하늘이 놀라고 땅이 흔들릴 일이로다

우리가 마귀의 포로에서 해방되어 구원될 때
우리는 꿈 꾸는 것 같았도다
우리 마음에는 기쁨이 넘치고
우리 입에는 웃음이 가득하고
우리 혀에는 찬양이 찼었도다

여호와여
압제서 신음하는 남은 포로들을
홍수처럼 급속히 해방시키소서
눈물로 기다리는 그들에게 기쁨을 주소서
그들이 기쁨의 단을 들고
고국으로 돌아오게 하소서
[시 126:1-6]

뿌리는 자는 거두리라

씨를 뿌리는 자는
반드시 거두리라
악의 씨를 뿌리는 자는
악의 열매를 거두리라
선의 씨를 뿌리는 자는
선의 열매를 거두리라
누구나 자기가 심은 것이 그의 열매가 되리라

씨를 뿌리는 자는
반드시 거두리라
눈물로 씨를 뿌리는 자는
기쁨으로 거두리라
울며 씨를 뿌리는 자는
반드시 기쁨의 곡식 단을
가지고 돌아오리라
 [시 126:5-6]

여호와는 인생의 모든 일을 좌우하시는 분

여호와는 전능자
인생의 모든 일을 좌우하시는 분

여호와께서 집을 세워야
우리 집이 서고
여호와께서 성을 지켜야
우리 성이 안전하다
우리가 일찍 일어나고 늦게 누우며
수고의 떡을 먹음이 열매를 맺는다

여호와는 사랑하는 자에게 잠을 주신다
건강과 평강을 쏟아부어 주신다
자식들을 기업, 상급으로 주신다
그들이 온 집에 가득하게 하신다
그들이 원수를 무찌르는 화살이 되어
그가 영화를 얻게 한다
[시 127:1-5]

여호와를 경외하는 자는 복이 있도다

여호와를 경외하며

그의 길을 걷는 자는

복이 있도다

그는 수고한 대로 먹을 것이라

복되고 형통하리로다

그의 아내는 결실한 포도나무 같고

그의 자녀들은 어린 감람나무 같으리로다

풍요와 안정을 누리리라

여호와를 경외하며

그를 사랑하고 섬기는 자는

복을 얻으리로다

그는 시온에서 여호와의 복을 받으며

평생에 예루살렘의 번영을 보리라

그는 자식의 자식을 보며

신령한 평강을 누리리라

[시 128:1-6]

나의 대적들은 나를 이기지 못하였다

나의 대적들이 내가 어릴 때부터
여러 번 나를 괴롭혔다
내 등을 채찍질하여
긴 고랑을 많이 만들었다
나는 항상 그들의
압박과 탄압을 받았다

그러나 나의 대적들은
나를 이기지 못하였다
그들은 시온을 미워하는 악인들
하나님의 대적들이라
의로운 여호와께서 분노하사
그들의 줄을 끊으셨다
수치를 주고 물리치셨다
그들은 자라기도 전에 시드는
지붕 위의 풀같이 되었다
지나가는 자 아무도
그들을 축복하지 않았다
모두가 저주하였다
[시 129:1-8]

여호와를 기다리고 바라라

내 영혼이 여호와의 도우심을 기다려
주께 부르짖었다
내 영혼의 심연에서 간절히 부르짖었다
나는 비록 죄악 중에 있으나
주의 사유, 경외케 하심 의지사고
소리 내어 부르짖었다
주여, 내 소리를 귀 기울여 들으소서

내 영혼은 도우시는 여호와를 기다리며
주의 말씀을 바라는도다
나는 파수꾼이 아침을 기다림보다
주를 더 기다린다
참으로 그 기다림은 어떤 것보다 더 절실하다
이스라엘아, 여호와를 바라라
여호와는 인자와 속량이 풍성하시도다
그는 우리를 모든 죄악에서 반드시 속량하시리라
[시 130:1-8]

겸손으로 평온키를

여호와여
내 마음이 교만하지 아니하고
내 눈이 오만하지 아니하며
내가 얼토당토 않은 큰 일과
감당치 못할 놀라운 일을
추구하지 않습니다
나는 스스로 내 분수를 압니다

여호와여
나는 자신을 스스로 알고 겸손하므로
영혼이 고요하고 평온하기를
젖 뗀 아이가 그의 어머니 품에 있음 같기를
날마다 간절히 바랍니다
꼭 그렇게 되도록
지금부터 영원까지
여호와만 바라봅니다
[시 131:1-3]

다윗의 겸손

다윗은 왕이나 낮아져서
그의 웅장한 왕궁에 들어가지 아니하고
화려한 침상에 오르지 아니하며
눈으로 잠들게 아니하고
눈꺼풀로 졸게 하지 아니하기를
여호와의 처소, 전능자의 성막을
발견하기까지 하였다
거기 계신 하나님을
만나기까지 하였다

다윗은 왕이나 겸손히
하나님이 계신 곳, 그의 발등상 앞에서
엎드려 예배하였다
여호와를 그의 권능의 궤와 함께
평안한 곳으로 모셨다
그와 함께 제사장들은 의를 옷입고
성도들은 즐거이 외쳤다
[시 132:1-9]

다윗에게 베푼 은총

여호와께서 다윗에게 기름 부어
이스라엘의 왕이 되게 하셨다
"네 후손이 나의 증거를 지킨다면
 그 왕위가 영원하리라"
맹세하셨다
여호와께서 다윗에게 뿔이 나게 하시어
대적을 물리치게 하시고
그가 가는 길에 등을 준비하셨다
그의 원수에게는 수치의 옷을 입히고
그에게는 왕관이 빛나게 하셨다

여호와께서 다윗의 도성을 택하여
영원한 자기 거처로 삼으셨다
거기서 쉬면서 다윗과 함께 하셨다
그 도성을 지극히 사랑하여
풍부한 양식으로 빈민을 먹이시고
제사장들에게 구원을 옷입히셨다
모두가 그 은총 즐거이 외치도다
할렐루야
 [시 132:10-18]

형제가 연합하여 동거함은

보라
형제가 연합하여 동거함은
가장 선하고 아름답다
가장 착하고 멋진 일이다
머리의 보배로운 기름이
아론의 수염에 흘러서
옷깃까지 내림과 같고
헐몬의 이슬이 시온 산들에
내림과 같도다
거기서 여호와께서
만복을 내리신다
땅 위의 복, 하늘의 영생복을
쏟아부어 주신다
[시 133:1-3]

여호와를 찬송하라

보라
밤에 여호와의 성전에 서서 섬기는
여호와의 모든 종들아
여호와를 찬송하라
성소를 향하여
거기 계시는 여호와를 향하여
두 손을 치켜 들고
소리 높여 찬송하라
거기서 창조주 여호와께서
만복을 내려 주신다
[시 134:1-3]

여호와를 찬양하라

할렐루야
여호와의 종들아
여호와의 이름을 찬송하라
하나님의 성전 뜰에서 섬기는 자들아
여호와를 찬양하라

할렐루야
여호와는 선하시고 그의 이름이 아름답다
그는 모든 것들보다 위대하시도다
그의 이름은 대대에 이르고 영원하시다
그는 이스라엘을 자기의 특별한 소유로 택하시고
자기 백성 이스라엘에게 기업을 주셨다
그는 자기가 기뻐하는 모든 일을 행하신다
안개, 비, 번개, 바람을 마음대로 내신다
그는 애굽에 표적, 징조를 보이시고
모든 장자를 치셨도다
많은 나라를 치시고 강한 왕들을 죽이셨다
그는 자기 백성을 판단하시며
그들로 말미암아 위로를 받는다
여호와를 찬송하라
[시 135:1-14]

여호와를 송축하라

모든 우상은
사람의 손으로 만든 것이라
그것이 아무리 은금이라도
입은 말하지 못하며
눈은 보지 못하며
귀는 듣지 못하며
코에는 아무 호흡도 없으니
그것을 의지하는 자는
그것보다 더 못하다

예루살렘에 계시는 여호와는
눈에는 보이지 않으나
영원한 자존자
전능의 창조자
사랑의 구원자
공의의 심판자시니
그는 시온에서 찬송을 받으실지어다
여호와를 경외하는 너희들아
여호와를 송축하라
할렐루야
 [시 135:15-21]

여호와께 감사하라

여호와께 감사하라
그는 선하시며
그 인자하심이 영원함이로다
하늘의 하나님께 감사하라
그는 위대하시며
그 인자하심이 영원함이로다

그 감사 찬송할 여호와는
신들 중에 뛰어난 하나님
주들 중에 뛰어난 주
홀로 큰 기이한 일들을 행하신 분
지혜로 하늘을 지으신 이
땅을 물 위에 펴신 자
큰 빛들을 지으신 분
해로 낮을 주관케 하신 이
달, 별로 밤을 주관하게 하신 자
애굽의 장자를 치신 분
이스라엘을 그들 중에서 인도하여 내신 이
강한 손과 펴신 팔로 이끌어 내신 자
홍해를 가르신 분
이스라엘을 그 가운데로 통과하게 하신 이

바로와 그 군대를 그 가운데 엎드러뜨리신 자

이스라엘을 인도하여 광야를 통과하게 하신 분

크고 유명한 왕들을 치고 죽이신 이

가나안 땅을 이스라엘에게 기업으로 주신 자

비천한 우리를 기억해 주신 분

우리를 우리의 대적에게서 건지신 이

모든 육체에게 먹을 것을 주신 자이시니

그의 선하심, 인자하심은 영원무궁하도다

그 여호와께 영원히 감사하라

[시 136:1-26]

시온을 기억하며 울었도다

우리가 바벨론의 강변에서
멸망한 시온을 기억하며
슬피 울었도다
우리가 우리의 수금을
그중의 버드나무 가지에 걸었나니
시온을 황폐케 한 자가
우리를 사로잡은 자가
자기들의 기쁨을 위하여
우리에게 노래를 청하였기 때문이라
시온 노래 중 하나를 노래하라 함이라
우리가 어찌 이방의 그들 앞에서
여호와의 노래를 부를까
여호와의 노래를 그들의 유흥거리로 만들까

하나님의 도성 예루살렘아
나는 너를 잊을 수 없구나
너는 내 오른손에 익힌 재주보다
더 생생히 기억된다
나는 너를 평생에 잊을 수 없어
너에 대한 추억은 나의 가장 큰 즐거움
이것은 나의 진정한 고백이요 간증이다

전능한 여호와여

예루살렘이 멸망하던 날을 기억하사

주의 도성을 저주한

에돔 자손을 치소서

시온을 멸망시킨 바벨론에게

그들이 행한대로 갚으소서

그들을 땅에서 완전히 멸하소서

그들의 어린 것들을 바위에 메어치소서

[시 137:1-9]

나의 감사, 찬송

주의 인자, 성실이 영원하오니
나는 전심으로 감사, 찬송하옵니다
주의 말씀을 높이 드러내시고
나의 간구에 응답하여 강하게 하시며
주의 영광이 무한히 크시니
낮은 자를 굽어살피시고
교만자를 다 아시니
환난 중에 살아나게 하시고
원수의 분노 막으시며
오른손으로 나를 구원하시니
나를 위해 보상하시고
나를 영원히 버리지 않고 붙드시니
주의 인자, 성실이 무한하옵니다
나는 영원히 감사, 찬송하옵니다
 [시 138:1-8]

주님은 나를 아십니다

주님은 전지한 눈으로
항상 나를 살펴보시고
주님은 전능한 힘으로
항상 나의 앞뒤를 둘러싸시며
주님은 사랑의 손으로
항상 내게 안수하시니
이 지식은 내게 너무 기이하고 높아
다 이해키 어렵습니다

그리하여 주님은
나를 다 아십니다
나의 은밀한 마음속 생각을 다 밝히 아십니다
나의 계속하는 혀의 말을
하나도 빠짐없이 다 아십니다
나의 앉고 일어섬
나의 모든 길과 눕는 것
날마다 움직이는 나의 모든 행위를
익히 다 아십니다
이 사실은 너무 기이하고 놀라워
심히 두렵고 떨립니다
[시 139:1-6]

내가 주의 앞에서 어디로 피할까

하나님은 나를 다 아시고
우주 어디나 다 계시니
내가 주의 영광을 떠나 어디로 가며
주의 앞에서 어디로 피할까
하늘 가장 높은 곳, 우주 끝
스올의 가장 낮은 곳, 지옥 밑바닥
새벽 날개 치고 간 바다 끝
가장 높은 산봉우리, 에베레스트
그 어디도 주님이 앉아 계시니
캄캄한 흑암, 칠흑 같은 밤도
주님의 찬란한 빛 앞에서 광명의 세계 되니
이 세상 어디도 피할 데 없다
나는 늘 주님의 손 안에 있다
[시 139:7-12]

주의 생각은 내게 최고의 보배

주께서 나의 모태에서
나의 내장, 온 몸, 영혼까지 다 지으셨습니다
나는 온 우주보다 귀하고
어떤 슈퍼 컴퓨터보다 더 정교하니
그 솜씨 심히 기이하고 기묘합니다

내가 은밀한 데서 기이하게 지음받은 때에
주께서 나를 보시고
아니 내 형질이 이루어지기 전에
이미 주의 눈이 나를 보셨으며
내 일생이 시작되자말자
주의 책에 다 기록되었습니다

주의 생각은 내게 최고의 보배
언제나 나를 사랑으로 돌보는 손길
그 수는 헤일 수 없고
모래보다 더 많습니다
그런 주님이 언제나 나와 함께하시니
나는 항상 주께 감사하옵니다
[시 139:13-18]

주의 원수된 악인들은 나의 원수라

주의 원수된 악인들은
무고한 자 피흘리기를 즐기고
주를 대하여 악담하고
주의 이름으로 헛되이 맹세하며
감히 주를 미워하고 치러 일어나니
주께서 반드시 그들을 죽이실지라

주의 원수된 악인들은
주를 사랑하는 나의 원수라
제발 나를 떠날지어다
나도 그들을 심히 미워하오니
주께서 나를 살피고 시험하사
내 마음과 뜻을 아옵소서
나를 주 따르는 영원한 길로 인도하소서
[시 139:19-24]

여호와여, 악인에게서 나를 건지소서

악인은 마음속으로 악을 꾀하고
나와 싸우기 위하여 매일 모이며
그 혀를 뱀 같이 날카롭게 하니
그 입속에는 독사의 독이 가득합니다
그는 나의 걸음을 밀치려 하며
나를 해하려고 올무와 줄을 놓고
그물을 치며 함정을 팠나이다
그는 참으로 포악합니다

여호와여
그 악인에게서 나를 건지시며
그 포악자에게서 나를 보전하소서
나를 지켜 그의 손에 빠지지 않게 하시며
나를 보전하사 그에게서 벗어나게 하소서
주는 나의 하나님
나의 유일한 구원자이십니다
　[시 140:1-5]

나의 간구에 귀를 기울이소서

내 구원의 능력이신 주여
전쟁의 날에 내 머리를 가려주시고
고난의 날에 나를 변호해 주시며
궁핍한 때에 정의를 베푸소서
항상 주의 이름에 감사하며
정직한 삶을 살게 하소서

인생들을 살피사 공의를 세우시는 주여
악인의 소원, 악한 꾀를 이루지 못하게 하시고
나를 에워싸는 자들에게 재난을 덮으소서
뜨거운 숯불이 그들 위에 떨어지게 하시고
깊은 웅덩이에 빠져 나오지 못하게 하소서
악담자, 포악자는 재난으로 패망케 하소서
 [시 140:6-13]

내가 주를 찾고 부르짖습니다

여호와여
내가 주를 불러 찾습니다
속히 내게 오소서
내가 주께 부르짖습니다
내 음성에 귀를 기울이소서
나의 기도가 주의 앞에 향기 되고
나의 손 드는 것이 진실되게 하소서

여호와여
내 입을 지켜 함부로 말하지 않게 하소서
내가 악인의 죄악을 따르지 않으며
그들과 함께 먹지 말게 하소서
나를 치는 매를 은혜로 여기고
책망을 달게 받아 거절치 않게 하소서
멋대로 판단하는 재판관들을
바위 곁에 내려 던지소서
내가 고난 받아 해골이 흩어짐 같아도

내가 주께 향하고 피하오니
내 영혼을 그대로 버려두지 마옵소서
주는 언제나 나를 지키사
그들의 올무와 함정에서 벗어나게 하소서
악인은 자기 그물에 걸려도
나는 온전히 면하게 하소서
내 말이 달아 사람들이 듣게 하소서
[시 141:1-10]

나는 주께 부르짖어 간구합니다

내가 소리내어 여호와께
부르짖고 간구합니다
내 원통함을 주 앞에 토로하며
내 우환을 다 진술합니다
나를 잡으려는 올무가 사방에 깔렸고
내 영이 내 속에서 심히 상합니다
동서남북 사방을 둘러봐도
나를 아는 이, 나의 피난처,
나를 돌보는 이 전혀 없습니다

그러나 주는 나의 피난처시요
나의 분깃이시라
그래서 나는 주께 부르짖어 간구합니다
주는 심히 비천한 중에 부르짖는
나의 기도를 들으시고
핍박자에게서 나를 건지시며
내 영혼을 옥에서 이끌어내사
주의 이름에 감사하게 하소서
주께서 나에게 갚아주사
의인들이 나를 두르게 하소서
 [시 142:1-7]

주여, 내 기도를 들으소서

여호와여

내 기도를 들으소서

내 간구에 귀를 기울이소서

나는 죄가 많습니다

그러나 죄대로 갚지 마소서

내 원수가 나를 핍박하고

나를 죽은 자 같이 흑암 속에 가두었습니다

내 심령이 상하고 참담합니다

하지만 나는 주의 능력을 생각하고

내 영혼이 주를 향해 손을 펴고

마른 땅 같이 주를 사모합니다

[시 143:1-6]

나의 간절한 기도

여호와여
속히 내게 응답하소서
주의 얼굴을 내게서 숨기지 마소서
이제 주의 말씀을 듣게 하소서
내가 다닐 길을 알게 하소서
나를 내 원수에게서 건지소서
나를 가르쳐 주의 뜻을 행하게 하소서
나를 공평한 땅으로 인도하소서
내 영혼을 환난에서 끌어내소서
나의 원수, 나를 괴롭히는 자를 다 멸하소서

주는 나의 하나님이시니
주의 인자하심으로 나를 살피시고
주의 이름을 위하여 나를 살리소서
나는 주께 피하는 주의 종입니다
[시 143:7-12]

나는 실로 없는 것 같으나

나는 헛것
나의 날은 지나가는 그림자
나는 실로 없는 것 같으나
주께서 나를 알아주시고 생각하시니
크게 감사, 찬송하리라

주는 나의 사랑, 요새, 산성,
구원자, 방패이시라
나를 항상 보호하시고
용사 되어 싸우게 하신다
번개를 번쩍이며 강림하사
원수들을 무찔러 흩으신다
강한 손으로 나를 구하여 건지신다
나를 해하려는 길에서 구하여 내신다
내가 주께 새 노래로 노래하고
열 줄 비파로 주를 찬양하리라
  [시 144:1-11]

여호와를 자기 하나님으로 삼는 자의 복

여호와를 자기 하나님으로 삼는
백성은 복이 있도다
그들의 아들들은 장성한 나무들 같고
딸들은 궁전의 아름다운 모퉁잇돌과 같다
그들의 곳간에는 백곡이 가득하고
우리의 양들은 많아서 셀 수가 없다
그들의 수소는 무거운 짐을 실어 나르고
산업이 잘 되고 번창한다
그들의 나라는 적군의 침략이 없고
거리에는 슬피 부르짖음이 없다
언제나 태평가만 흘러 넘친다
할렐루야
[시 144:12-15]

내가 주를 높이고 주의 이름을 송축합니다

여호와, 왕이신 나의 하나님
내가 주를 높이고
날마다 주를 송축하며
영원히 주의 이름을 송축합니다
큰소리로 주를 찬양하고
주께 감사하며
주의 업적을 선전합니다

여호와는 위대하시니
그의 위대하심은 측량치 못하리라
그는 존귀와 영광으로 위엄차도다
주는 대대로 능한 일을 행하시고
기이한 일들을 세상에 펼치신다

여호와는 은혜로우시며
긍휼이 많으시며
노하기를 더디 하시며
인자하심이 크시다
그는 모든 것을 선대하신다

여호와의 나라는 영원한 나라이니
주의 통치는 대대에 이른다
그는 약자를 붙들고 일으키신다
모든 생물의 소원을 이루신다
그는 모든 행위에 공의로우시다
의인은 살리고 악인을 멸한다
그는 진실히 간구하는 자를 가까이 하신다
그들의 부르짖음을 들으사 구원하신다
[시 145:1-21]

약자를 돌보시는 하나님을 찬양하라

여호와는 영원히 다스리시고
하나님은 대대로 통치하신다
그는 온 우주의 대왕이시다
그 하나님을 자기의 도움으로 삼고
그 하나님에게 자기의 소망을 두는 자는
복이 있도다

여호와는 만물을 지으셨고
영원히 진실함을 지켜 돌보시며
억눌린 자 위해 정의로 심판하시고
주린 자에게 먹을 것을 주신다
그는 갇힌 자에게 자유를 주시고
맹인의 눈을 열어 보게 하시며
맥빠진 자들을 일으켜 세우시고
의인들을 사랑하신다
그는 정처없는 나그네를 보호하시고
고아와 과부를 붙들어 주시며
힘없고 약한 자들을 강하게 하시고
악인들을 구렁텅이로 이끄신다

할렐루야

내 영혼아, 여호와를 찬양하라

나는 항상 여호와를 찬양하며

나의 평생에 하나님을 찬송하리라

나는 영원히 "할렐루야" 외치리라

[시 146:1-10]

모든 성도들아, 하나님을 찬양하라

할렐루야
하나님께 찬양함이 선함이여
찬송함이 아름답고 마땅하도다
모든 성도들아, 하나님을 찬양하라

우리 하나님은 광대하여 온 천지에 계시고
능력이 무한하여 전능하시며
그 지혜가 무궁하시도다
그는 별의 수를 세고 이름까지 지으셨다
구름이 생겨 비가 내리게 하여
식물이 자라고 동물이 살게 하신다
그는 눈을 양털같이, 서리를 재같이,
우박을 떡 부스러기같이 내려 춥게 하시고
그것들을 녹이고 시원한 바람이 불어서
물이 흐르게 하여 따뜻하게 하신다

감사함으로 여호와께 노래하며
수금으로 하나님께 찬양할지어다
온 성도들아, 여호와를 찬양하라
할렐루야

여호와는 예루살렘을 다시 세우시고
이스라엘의 흩어진 자를 모으신다
그는 상심, 상처를 고치고 싸매신다
겸손한 자 세우시고 악인은 엎드러뜨리신다
그는 우리를 지키시고 자손 대대로 복을 주신다
배부르게 하시고 평안케 하신다
그는 스스로 센체하는 자 싫어하시고
자기를 경외하고 그 인자하심을
바라는 자들을 기뻐하신다
그는 그 말씀, 율례, 규례를
우리에게 보여 인도하신다
이것은 우리 성도에게만 주신 특별 은혜라
[시 147:1-20]

다 모두 여호와의 이름을 찬양할지어다

할렐루야
하늘 높은 데서 여호와를 찬양할지어다
그의 모든 사자, 모든 군대여, 찬양할지어다
해와 달아, 광명한 별들아, 찬양할지어다
하늘의 하늘도, 하늘 위의 물들도 찬양할지어다
이는 그것들이 저의 명령으로 지음을 받았음이라
저가 또 그것들을 영영히 세우시기 때문이라

할렐루야
땅에서, 온 땅에서 여호와를 찬양할지어다
바다여, 육지여, 찬양할지어다
불, 우박, 눈, 안개, 광풍이여, 찬양할지어다
산, 모든 과목, 백향목이여, 모든 짐승, 새여, 찬양할지어다
이는 저가 태초에 그것들을 지으셨기 때문이라
저가 또 그것들을 항상 있게, 살게 하기 때문이라

할렐루야

온 세계에서 여호와를 찬양할지어다

모든 왕들, 방백, 사사여, 모든 백성, 시민이여, 찬양할지어다

모든 총각, 처녀, 노인, 아이들아, 찬양할지어다

다 모두 여호와의 이름을 높이 찬양할지어다

이는 그 이름이 홀로 지극히 높으시며

그 영광이 온 천지에 뛰어나기 때문이라

저가 그 백성의 뿔을 높이셨기 때문이라

저는 저를 친근히 하는 모든 성도의 찬양거리로다

[시 148:1-14]

할렐루야, 여호와께 노래하라

할렐루야
새 노래로 여호와께 노래하라
성도의 회중에서 찬양하라
춤추며 그의 이름을 찬양하라
소고와 수금으로 그를 찬양하라
항상 영광 중에 즐거워하라
침상에서 기쁨으로 노래하라

여호와는 우리를 지으시고
다스리는 왕이시다
그는 자기 백성을 기뻐하시며
겸손자를 구원하여 아름답게 하신다
그는 자기의 존영으로 우리 입에 채우시고
수중에 두 날 칼을 주셔서
원수와 싸워 이기게 하신다
그리하여 우리를 영화롭게 하신다
할렐루야
[시 149:1-9]

할렐루야, 하나님을 찬양하라

할렐루야
호흡이 있는 자는 다 여호와를 찬양하라
살아서 숨쉬는 자는 다 모두 그를 찬송하라
그 성소에서 하나님을 찬양하며
그가 지은 온 세상에서 그를 찬양하라
그의 전능한 창조를 찬양하며
온 천지 어디나 계시는 그를 찬양하라

나팔 소리 높여 찬양하며
비파와 수금으로 찬양할지어다
소고치고 춤추어 찬양하고
현악과 퉁소로 찬양할지어다
큰소리 나는 제금, 높은 소리 나는 제금으로,
세상의 모든 악기 다 모아 찬양할지어다
그 하나님을 영원히 찬양하라
할렐루야
[시 150:1-6]

Ⅵ. 그의 이름은 평강의 왕이라

고난 받는 하나님의 종

그는 자라나는 연한 순 같고
마른 땅에서 나온 줄기 같아
고운 모양, 풍채도 없으니
흠모할만한 아름다움 전혀 없도다
그는 멸시받아 버림받았으며
많은 간고, 질고를 겪었다
그는 모두가 외면하는 멸시천대를 당하였고
아무도 그를 귀히 여기지 않았다

그는 곤욕 당해 괴로워도
그 입을 열지 아니하였음이여
도수장으로 끌려가는 어린 양 같이
털 깎는 자 앞에서 잠잠한 양 같이
그는 한 마디 말도 없이 침묵하였다
그는 곤욕과 심문을 당해 끌려갔으나
아무도 그의 죽음의 의미를 알지 못하였다
그는 강포를 행치 않았고
그의 입에 거짓이 없었으나
악인들과 같이 죽임당해 땅속에 묻혔다

그는 실로 우리의 질고를 지고
우리의 슬픔을 당하였다
그가 찔리고 상함은
우리의 허물, 죄악 때문이라
그가 징계받음이 우리의 평화 되고
그가 채찍 맞음이 우리의 치유 된다
우리는 그릇 행해 각기 제 길로 갔으나
그는 우리의 모든 죄악 담당하셨다
그는 자기 영혼을 버려 사망에 이르고
완전히 범죄자 취급당했으나
실상은 모든 사람 죄 담당하고
그들 구원 위하여 기도하였다

그것은 우리 구원 위한 하나님의 뜻
그 뜻 따른 그의 속건제물
그 일로 그는 많은 후손 의롭게 하고
자기 영혼의 수고에 만족하며
영원히 영화를 누리리라
그는 존귀한 자와 함께 몫을 받으며
강한 자와 함께 탈취물을 나누리라
온 우주, 천상천하의 통치자가 되리라

그러나 우리는 그릇 생각하여

그는 하나님께 맞아 징벌받고 고난당한다 하였으며

마땅히 형벌 받을 우리의 허물 때문이라 상상도 못했다

세상에 아무도 그를 귀히 여기지 않았다

주여, 그것을 누가 전하였습니까?

주여, 그것을 누가 믿었습니까?

주여, 주의 능력이 누구에게 나타났습니까?

 [사 53:1-12]

내게로 오라, 내게 듣고 들을지라

오호라, 너희 목마른 자들아
물로 나아오라
돈 없는 자도 오라
너희는 와서 돈 없이, 값 없이
생수를 마시고 또 마시라

오호라, 너희가 어찌하여 양식 아닌 것을
위하여 은을 달아 주고
배부르게 못할 것을 위해 수고하느냐?
헛된 수고 버리고 내게로 오라
나는 너에게 생수, 생명의 떡이라

오호라, 너희는 내게 듣고 들을지라
귀를 기울이고 나의 말을 들어라
그리하면 너희가
좋은 것, 기름진 것을 먹을 것이며
즐거움을 얻고 영혼이 살리라
이것은 내가 너희 위해 세운 영원한 언약
너희에게 허락한 확실한 은혜라

[사 55:1-3]

너희는 여호와께로 돌아오라

여호와의 생각, 길은
우리의 생각, 길과 아주 다르다
너무 높아 우리의 생각, 길과 견줄 수 없다
여호와의 입에서 나가는 말은
헛되이 맴도는 것 하나도 없고
그의 기뻐하시는 뜻을 이루고
그가 이루고자 하는 일을 형통케 한다

여호와를 믿고 의지하는 자는
항상 기쁨으로 나아가며
평안히 인도함을 받으리라
산들, 언덕들이 그의 앞에서 노래하고
들의 모든 나무가 손뼉을 치리라
그의 앞에서 모든 것이 좋은 것으로 변하고
그것이 여호와의 기념, 영영한 표징이 되리라

너희는 여호와를 만날만한 때에 찾으라

가까이 계실 때에 그를 부르라

악인은 그의 길을

불의한 자는 그의 생각을 버리고

여호와께로 돌아오라

그리하면 그가 긍휼히 여기시리라

그가 너그럽게 용서하시리라

[사 55:6-13]

여호와께 연합한 사람

그는
정의를 지키며 의를 행한다
손을 금하여 악을 행하지 아니하며
하나님이 기뻐하고 시행할 공의를 선택한다
악한 세상에서 정의, 공의의 투사가 된다

그는
여호와를 섬기며
그의 이름을 사랑하며
그의 종이 되며
안식일을 지켜 더럽히지 아니하며
그의 언약을 굳게 지킨다

그는 복을 받아
귀하고 영원한 이름을 얻고
하나님의 성산에서 기쁨을 누리며
성전서 드리는 희생적 기도의 응답을 받는다
날이 갈수록 친구, 동지가 많아진다
[사 56:1-8]

몰지각한 목자들

하나님이 세운 이스라엘의 파수꾼들이
몰지각한 목자들이 되었네

그들은 맹인이라 보지 못하고
무지하여 목자의 임무 모르며
벙어리 개들이라 짖지 못한다
누워서 잠자기 좋아하며
헛된 꿈만 꾼다

그들은 개자식들
탐욕이 심하여 족한줄 모르고
오로지 자기 이익만 추구한다
몰지각하여 다 제 길로 돌아가며
날마다 독주에 취하여 정신이 없다

들, 숲의 모든 악한 짐승들이
양들을 다 집어삼켜도
나 몰라라 한다
 [사 56:9-12]

의인, 진실한 이의 길

의인이 죽을지라도 마음에 두는 자 없고
진실한 이 거두어감을 당해도 깨닫는 자 없다
의인, 진실한 이 살아서 무시당하고
죽을 때는 아무도 모른다

그들은 때때로 악인, 거짓된 자에게 끌려가
비난받고 핍박당한다
완전 매장되고 죽기도 한다
온 세상에 악인으로 소문난다

그러나 그들의 죽음은
평안에 들어감이라
그들의 침상에서 편히 쉬리라
천국의 평강을 누리리라
　[사 57:1-2]

내 백성을 고쳐주리라

지극히 존귀하며
영원히 거하시며
거룩하다 이름하는 이
높고 거룩한 곳에 계신 분, 하나님

그가 자기 백성의 길을 돋우고 돋우어 고치고
거치는 것을 제하여 평탄케 하리라
그들이 통회하고 마음이 겸손케 하여
소생케 하고 함께 하리라

그들이 아직도 패역하여 자기 길로 가나
이제 그가 노하여 치고 얼굴을 가린 것을 그치고
그들을 고쳐주리라
다시 위로를 얻게 하리라
평강이 있게 하리라
[사 57:14-21]

네 빛이 새벽같이 비칠 것이라

흉악의 결박을 풀어주며

모든 멍에를 꺾고 멍에의 줄을 끌러주며

압제당하는 자를 자유케 하며

멍에, 손가락질, 허망한 말을 제하여버리며

주린 자에게 양식을 나누어 주며

괴로워하는 자의 심정을 위로하며

유리하는 빈민을 집에 들이며

헐벗은 자에게 옷을 입히며

곤란한 이웃을 피하여 숨지 아니하면

네 빛이 새벽같이 비칠 것이며

빛이 어둠 중에서 떠올라 대낮같이 될 것이며

네 치유가 급속할 것이며

너의 공의가 너를 인도하고

여호와의 영광이 너를 호위하며

너의 기도에 여호와가 응답하리라

여호와가 너를 인도하여

메마른 곳에서도 네 영혼을 만족하게 하고

네 뼈를 견고하게 하리니

너는 물댄 동산, 물이 끊어지지 아니하는 샘이 되리라

네 자손은 황폐된 곳을 다시 세우며

너는 역대의 파괴된 곳에 기초를 세우리니

너는 보수자, 수축자로 일컬어지리라

[사 58:6-12]

행악자

행악자, 그는 손이 피에 더러워지고
손가락이 죄악에 더러워졌으며
입술은 거짓을 말하고
혀는 악독을 쏟아내며
공의, 진실로 소송, 판결하지 아니하고
허망한 것을 의뢰하며
악행을 잉태하여 죄악을 낳는다

그런 그는 독사의 알을 품고 거미줄을 짜며
그 손발은 포악한 악행에 빠르고
무죄한 피를 흘리기에 신속하고
그 생각이 항상 악할 뿐이라
정의가 없고 굽은 길을 스스로 만든다

그에게는 여호와의 들으심, 구원이 없고
하나님과 갈라져 아무 소통도 없다
죄악을 가릴 것은 아무것도 없고
황폐와 파멸만이 기다리고 있다
그는 평강을 모르고 항상 공포 속에 산다
이 사망의 몸에서 건질 자 누구랴?
 [사 59:1-8]

정의, 공의가 없는 세상

정의가 뒤로 물러가고
공의가 멀리 섰으며
성실이 거리에 엎드러지고
정직이 나타나지 못하는 세상

우리가 빛을 바라나 어둠뿐
밝은 것을 바라나 캄캄함뿐
우리는 더듬으며 넘어지니
죽은 자와 같도다

우리는 곰같이 부르짖고
비둘기같이 슬피 울며
정의를 바라나 찾을 수 없고
구원을 바라나 우리에게서 멀도다

이는 우리의 허물, 죄악 때문이라
그것은 우리가 여호와를 배반하고 속였으며
하나님을 떠나서 포학과 패역을 말하고
거짓을 잉태하여 그 새끼를 낳은 것이다
[사 59:9-15]

하나님의 완전무장

몸을 감싸는 갑옷은 공의
머리를 보호하는 투구는 구원
원수를 멸하는 보복은 속옷
화려하게 꾸미는 겉옷은 열심
허리를 조이는 띠는 진리
발을 보호하는 신은 평안의 복음
불화살을 소멸하는 방패는 신실
적을 무찌르는 성령의 검은 말씀

하나님은 밤낮 이런 완전무장으로
인간을 구원하여 보호하고
악마를 무찌른다
악인들을 징벌한다
천국이 천국 되게 한다
이런 우리 하나님은 만왕의 왕
천하무적의 장군이시다
[사 59:17; 엡 6:10-20]

일어나라, 빛을 발하라

여호와께서 오심은
여호와의 영광의 임하심
영원한 여호와의 빛이 옴이라
그 빛은 모든 어둠과 캄캄함을 물리치고
해, 달의 빛을 무색케 한다
온 우주를 밝히는 그 찬란한 빛은
바로 너의 빛이 된다

그 빛 가운데 사는 자는
의롭게 되어 영원히 땅을 차지하고
하나님의 종으로 그의 영광을 나타내리라
그 작은 자가 천이 되고
그 약한 자가 강국을 이루리라
전능의 하나님이 그것을 신속히 이루리라

일어나라
네 빛을 만방에 발하라
여호와의 영광의 빛을 발하라
그리하여 온 땅을 뒤덮은 어두움
만민을 가리는 캄캄함을 물리쳐
온 세상이 찬란히 빛나게 하라
나라들은 네 빛으로
왕들은 비치는 네 광명으로 나아오게 하라
온 인류가 빛 가운데 거하게 하라
 [사 60:1-3, 19-22]

일어나라 네 빛을 발하라

일어나라

네 빛을 발하라

여호와의 영광의 빛을 발하라

죄악으로 캄캄한 어두운 세상에

미움으로 살기가 넘치는 흉악범의 마음에

탐욕으로 우크라이나를 삼키려는 푸틴의 머리에

이익을 위하여 거짓말을 뿌리는 정치인의 입에

새해에는 여호와의 참 빛을 뿌리라

일어나라

네 빛을 발하라

여호와의 치료하는 광선을 발하라

온갖 난치병으로 신음하는 자들에게

온갖 스트레스와 상처로 신음하는 영혼에게

거짓에 실망하고 좌절하는 순진한 시민에게

거짓 종교로 허망한 인생을 살고 있는 종교인들에게

새해에는 여호와의 치료 광선을 힘차게 쏘아라

[사 60:1-3; 말 4:1-3]

여호와가 내게 기름을 부으사

주 여호와 하나님이
여호와의 영을 내게 부어
성령의 기름을 넘치게 부어
가난하고 겸비한 자에게
아름다운 소식을
심령이 상한 자에게 고침을
포로된 자에게 자유를
갇힌 자에게 놓임을
모든 슬픈 자에게 위로를
선포하라 하셨다

그리하여 그들에게
화관이 그 재를
기쁨의 기름이 그 슬픔을
찬송의 옷이 그 근심을 대신하여
그들이 의의 나무
여호와의 영광을 나타낼 자
되게 하라 하셨다
[사 61:1-3]

구원의 옷, 공의의 겉옷을 입히시니

내가 여호와로 말미암아 크게 기뻐하며
내 영혼이 하나님으로 말미암아 크게 즐거워하리라
찬송하며 "할렐루야" 외치리라

이는 그가 구원의 옷을 내게 입히시며
공의의 겉옷을 두르게 하셨음이라
모든 나라에 공의와 찬송을 솟아나게 하셨음이라

그 구원의 옷, 공의의 겉옷은
신랑이 사모를 쓴 것
신부가 보석으로 단장함 같아
아름답고 찬란히 빛난다
[사 61:10-11]

헵시바, 뿔라 되리라

나는 시온의 의가 빛같이
예루살렘의 구원이 횃불같이
나타나고 전파되도록
간절히 소리내어 부르짖으며
쉬지 않고 언제나 간구하리라

그 도성과 거기 사는 너희는
공의와 영광을 뭇 나라에 드러내고
여호와가 정하실 새 이름으로 일컬음이 되고
여호와 하나님의 아름다운 왕관이 되며
헵시바, 여호와께서 기뻐하신 자 되고
뿔라, 결혼하여 복되게 사는 자 되리라
[사 62:1-5]

하나님의 백성을 인도하라

나아가라
성문으로 나아가라
너희는 나아가서
하나님의 백성이 올 길을 닦으라
큰 길을 수축하고 수축하라
돌과 거치는 것을 제하라
1번 국도, 최상의 고속도로를 건설하라
백성 앞에서 기를 들고 나아가라

돌아올 하나님의 백성은
구원받은 하나님의 아들 딸
하나님이 이방에서 그들을 버리지 아니하시고
흩어진 가운데서 찾아내어
나의 거룩한 백성이라
내가 친히 구속한 자라 하셨느니라
그 하나님은 모든 상급과 보응을 갖고 있나니
　　[사 62:10-12]

그는 어찌하여 붉은 옷을 입었는가?

적진에서 오는 이
그는 화려한 붉은 옷을 입었다
공의, 정의, 진리를 말하며
큰 능력, 구원하는 능력을 가졌다

그는 어찌하여 붉은 옷을 입었는가?
그는 전능한 심판자로
심판의 포도즙틀을 밟아
노함으로 무리를 밟아
분함으로 그들을 짓밟아
그 선혈이 옷에 튀었음이라

원수를 갚는 것
자기 백성을 구속하는 것
그것을 아무도 도와주지 않아도
그는 때가 되면 반드시 실행하신다
[사 63:1-6]

여호와의 사랑과 이스라엘의 배신

여호와가 이스라엘에게 베푸신 모든 자비
그의 찬송
그의 많은 사랑, 자비 따라 베푸신 큰 은총
말로 다 할 수 없다

여호와는 그들을
실로 그의 백성
거짓을 행하지 아니하는 그의 자녀로 삼아
그들의 구원자가 되사
그들의 모든 환난에 동참하여 구원하시고
그의 사랑, 자비로 구원하시고
옛적 모든 날에 드시며 안으셨다

그러나
그들이 반역하여 성령을 근심케 하니
그가 돌이켜 그들의 대적이 되어
친히 그들을 치셨다
모세 때에 베푸신 구원의 기적을
다 잊은 듯 하나도 행하지 않으셨다
[사 63:7-14]

자비하신 여호와여

주여
하늘에 계신 우리 아버지여
옛날부터 우리의 구속자이신 여호와여
하늘에서 굽어 살피시며
거룩하고 영화로운 처소에서 보옵소서
이 땅에서 당하는 우리의 고난을 보옵소서
이제 주의 열성과 능하신 행동
주께서 베푸시던 간곡한 자비와 사랑
어디에도 없습니다

자비하신 여호와여
우리가 주의 길을 떠나
마음이 완고하여 주를 경외치 않았으나
우리는 주의 종들, 기업인 지파이니
제발 우리에게 돌아오시옵소서
우리와 주의 성소가 원수에게 유린당하여
우리가 주와 상관없는 자처럼 되었으니
제발 속히 우리에게 돌아오시옵소서
불쌍히 여겨 구원하소서
 [사 63:15-19]

주는 하늘을 가르시고 강림하소서

원컨대
주는 하늘을 가르고 강림하소서
원하건대
주는 벼락치듯 임하소서
그리하여 전에처럼 주 앞에서 산들이 진동하기를
불이 섶을 사르며, 물을 끓임 같게 하소서
그것은 우리가 생각지 못한 두려운 일입니다

그러면
주의 원수들이 주의 이름을 알고
이방이 주 앞에서 벌벌 떨겠나이다
이런 놀라운 기적을 행한 신을
예부터 들은 자도, 본 자도 없습니다
우리는 그런 신 여호와를 앙망합니다
주여 속히 강림하소서
[사 64:1-4]

여호와여, 너무 분노하지 마소서

우리는 다 범죄하였습니다
우리는 다 죄인입니다
우리는 부정하여
우리의 의는 다 더러운 옷 같습니다
우리는 아예 주의 이름을 부르지 않고
분발하여 주를 붙잡지도 않습니다

그 더러운 죄악은
우리를 잎사귀같이 시들게 하고
바람같이 몰아갑니다
그 추악한 죄악으로 인해
주는 우리에게 얼굴을 숨기시고
우리가 소멸되게 하였습니다
주의 맹렬한 진노는 이미 오래되었습니다

주의 거룩한 성읍들은 광야가 되고
시온도 광야가 되었으며
예루살렘이 황폐하였습니다
거룩하고 아름다운 성전이 불탔으며
우리가 즐거워하던 곳이 다 황폐하였습니다
모든 것이 다 잿더미가 되었습니다

그러나

주는 우리 아버지시니

우리는 진흙, 주는 토기장이시니

우리는 다 주의 손으로 지으신 것이니

우리는 다 주의 백성이니

여호와여

너무 분노하지 마소서

죄악을 영원히 기억하지 마소서

구하오니, 보시옵소서, 보시옵소서

여호와여, 제발

가만히 계시지 마시고, 잠잠하지 마소서

[사 64:5-12]

새 하늘과 새 땅

전능한 하나님이 창조한 신세계
옛 것을 다 잊게 하는 복된 곳
예루살렘을 즐거운 성으로 재건한 곳
하나님은 그 성과 거민을 기뻐하고 즐거워하신다

새 하늘과 새 땅의 거민은
울고 부르짖는 소리 없이
평강 가운데 즐기되
장수하고 소산을 먹고 마시며
자신이 건축한 가옥에서 편히 살며
생산한 것이 재난을 당하지 않으리라
항상 하나님의 신속한 응답을 받으리라

그 새 하늘과 새 땅은
해함도 없고 상함도 없는 곳
이리와 어린 양이 함께 먹고
사자가 소처럼 풀을 먹으며
뱀이 흙을 양식으로 삼는다
모든 원수 사라지고 모두가 친구 된다
영원한 평화, 평강만 넘친다
[사 65:17-25]

여호와의 집, 처소가 돼라

하나님은 온 천지의 창조자시니
하늘은 그의 보좌
땅은 그의 발판
인간은 그의 집, 처소를 짓지 못한다
결단코 지을 수 없다

여호와의 말씀으로 떠는 자들아
그의 말씀을 들을지어다
그러면 너희가 그의 집을 짓는 것이니
가난한 마음, 통회하는 심령, 말씀 듣고 떠는 마음에
창조주 하나님이 찾아오신다
좁으나 거기서 기쁘게 거하신다

말만으로 믿고 행함이 없는 심령은
그 하나님이 멀리 하신다
그들은 유혹에 빠지고
무서운 진노에 직면한다
심판의 요란한 소리를 들을 것이다
[사 66:1-6]